KB107138

실직 도시

지은이 **방준호**

1986년 태어났다. 2013년부터 《한겨레》 기자로 일했다. 2019년부터 《한겨레 21》에 속해 있다. 주로 현장을 돌아다니며 르포 비슷한 기사를 썼다. 사람 만나는 일을 힘들어하지만, 사람 이야기 듣는 일은 좋아한다. 힘들게 좋아하는 일을 한다.

실직 도시

초판 1쇄 발행 2021년 12월 20일

지은이 | 방준호
발행인 | 박윤우
편집 | 김동준, 성한경, 여임동, 장미숙, 최진우
마케팅 | 박서연, 신소미, 이건희
디자인 | 서혜진, 이세연
저작권 | 김준수, 유은지
경영지원 | 이지영, 주진호

발행처 | 부키(주)
출판신고 | 2012년 9월 27일
주소 | 서울 서대문구 신촌로3길 15 산성빌딩 5-6층
전화 | 02-325-0846
팩스 | 02-3141-4066
이메일 | webmaster@bookie.co.kr
ISBN 978-89-6051-903-9 03330

만든 사람들
편집 | 김동준
표지 디자인 | 이세연
본문 디자인 | 이세연

실직 도시

기업과 공장이 사라진
도시는 어떻게 되는가

뚜껑상 지음

부·키

나는 서울 홍대입구 인근에서 나고 자랐다. 연세대, 홍익대, 이화여대, 서강대 등, 인근 대학에 끊임없이 20대들이 모여들었고, 카페, 술집, 노래방 같은 서비스업이 번창했다. 그래서 제조업이라는 것을 상상해 본 일이 별로 없었다. 데모하는 대학생은 봤어도 작업복 입은 사람은 거의 못 봤다. 《실직 도시》의 저자도 그런 듯하다. 수도권 도심에서 태어나 평생을 살아온 젊은 세대에게 공장, 제조업, 산업 단지라는 단어는 멀게만 느껴진다. 이 책을 읽으며 나는, 부끄럽지만 실로 처음으로, 그 제조업 현장의 '사람'들을 마주했다. 군산이라는 도시의 무거운 산업사를 짐작했으나, 그곳 개인들의 노동이, 삶이, 한국지엠과 현대중공업이 떠난 이후 그들의 서사가 무엇보다도 더욱 무겁게 읽혔다.

언젠가 경상도의 젊은 하청업체 노동자를 만난 일이 있다. 그는 자신에게 일자리를 준 대기업에 대한 고마움을, 그로 인해 자신의 노동이 계속될 것이라는 희망을, 거기에 기반한 자존감을 함께 내비쳤다. 그는 그대로 군산의 어제이기도 할 것이다. 저자는

"한 도시의 산업과 일자리는 들고나길 반복하고 도시를 쓰다듬고 할퀴고 지나가지만 도시와 개인은 그 자리에 계속 머물러야 한다"고 말한다. 나는 이 책의 본문에 여러 번 언급된 모 기업을 인터넷에서 검색했고, 〈전북, 자동차 대체 부품 생산 기지 메카 도약〉이라는 불과 며칠 전의 기사를 발견했다. 대기업의 제조 도시에서 실직 도시가 된 이후, 계속 도시에 머물러야 할 개인들은 이처럼 자생하기 위해 애쓰고 있다. 저자가 그러했듯 우리가 할 수 있는 일이란 이들의 삶을 정확하게 들여다보고, 이해하고, 상상하는 데 있지 않을까. 그러기 위해 우선은 그 생생한 기록인 《실직 도시》를 함께 읽어 나가기를 독자에게 권한다.

김민섭, 《대리사회》《당신이 잘되면 좋겠습니다》 **저자**

자본주의 종주국 영국에서 노동자와 그 가족 이야기는 하나의 장르다. 탄광촌 꼬마 발레리노의 이야기를 그린 영화 〈빌리 엘리어트〉는 소설과 뮤지컬로도 만들어졌고, 노동 계급 청년을 향한 혐오를 비판하는 《차브》가 출간되기도 했다. 미국에서도 《제인스빌 이야기》《힐빌리의 노래》 같은 가족과 도시의 이야기가 책과 영화로 사람들을 만난다. 그에 비하면 아쉽게도, 우리 노동자와 가족에 대한 밀도 있는 이야기는 여전히 부족하다. 한국의 노동 계급은 1970년대 형성되어 2000년대를 거치며 정규직과 비정규직, 원청과 하청 등으로 분단되고 위계가 나뉘었으며, 이제는 산업의 전환 앞에서 분해되고 실직하는 중이기 때문이다. 고작 한 세대 만의 이야기다. 2030년이 되면 정규직도 자동차 산업처럼 대량 퇴직 후 사그라들지 모른다.

《실직 도시》는 건강한 노동 계급이 어떻게 발생했는지, 왜 부서졌는지, 그 영향이 어떻게 지역 사회와 사람들에게 체험되었는지를 생생하게 전달한다. 1990년대까지의 청년은 직업 훈련소를 거쳐 원청 정규직이 되었다. IMF 언저리에 입사한 청년은 비정규직으로 시작해 운이 좋으면 정규직이 되었고 운이 나쁘면 연봉 한 푼 오르지 않은 채 비정규직으로 끝났다. 정규직은 회사가 철수해서 실직했고, 비정규직은 그 이전에 협력사가 도산해서 실직했다. 산업 도시 군산은 공장과 조선소가 들어오자 활황이었으나, 단순 생산 기지 역할을 하다가, 사람들이 "저 큰 크레인을 놀리진 않겠지" 하던 때 하릴없이 도시를 떠났다. '디지털 전환' '그린 전환' '제조업 고도화'라며 모두들 전환을 압박당하는 지금, 노동자와 그들의 일터를 살리기 위해서 무엇이 필요한지 조금 더 명료해질 것이다.

양승훈, 경남대학교 사회학과 조교수, 《중공업 가족의 유토피아》 저자

도시의 흥망성쇠에 따른 사람들의 희로애락을 추적하는 기자의 진득함이 가득한 책이다. 차와 배를 만들던 도시의 쇠락을 그저 지방 어딘가의 흔한 일로 취급하는 지독한 서울 중심주의를 짚어 내는 저자의 솔직함도 돋보인다. 한 도시의 명운은 나라 전체의 엄중한 사회적 신호이겠지만, 비수도권의 비(非)가 단순한 지역 구분의 의미를 넘어서는 한국에서 25만 남짓 사람들이 살아가는 공간의 '격변'은 무겁게 다뤄지지 않는 현실이다. 지방은 서울 '아래'라는 편견을 비트는 이 책의 울림이 널리 퍼졌으면 좋겠다.

실직이 빈번해지니, 실직의 의미를 따지는 게 무색해진 시대다. 산업 변화와 양극화가 시사 상식으로만 다뤄지니, 일자리가 개인의 삶 자체라는 사실이 외면된다. 정규직과 비정규직으로 노동자가 찢겨야 하는 현장의 묘한 상황이 대수롭지 않게 취급된다. 이일이 아니면 저 일을 하면 된다는, 여기가 싫으면 저기로 가라는 사람들이 많아진 한국 사회에《실직 도시》는 말한다. 이 일과 저일, 여기와 저기를 나누는 바로 그 경계가 개인을 위축시키고 관계를 엉망으로 만든다고.

　　한국의 지방 도시는 마트에서 사라진 상품 같다. 수도권의 역동성에 길들여진 사람들은 지방은 이게 문제고 저게 심각하다며 품평하기 바쁘다. 아파트 가격으로 수준 운운한다. 도시 순위를 매기는 것이 익숙해지면서 지방은 '떠나야 하는' 기피의 공간이 되었다. 국토 균형 발전이 가능한 임계점을 이미 넘어섰다는 느낌이 가득한 요즈음, 도시의 운명과 사람의 팔자는 궤를 달리 하지 않는다는 저자의 잔잔하면서도 우직한 경고가 많은 이들에게 전달되길 희망한다.

오찬호, 《우리는 차별에 찬성합니다》《지금 여기, 무탈한가요?》 저자

차례

군산 가는 길

낯선 세계.

　취재 노트 첫 줄에 적고 말았다(노트라고 해 봐야 에버노트 메모장이다). 이 무슨 호들갑인가. 고작 두 시간 반 버스를 탔을 뿐이다. 게다가 군산이라면 여행지로 익숙하다. 일본 제국주의 시대 건물을 돌아보는 군산 여행은 으레 죄책감과, 그에 대한 합리화와, 그로 인한 모종의 달콤함을 동반하는데, 그건 꽤 흥미로운 감정이라 한 달 사이 두 번이나 홀린 듯 방문한 적도 있다.

　2019년 4월 23일 화요일 오전 11시. 아무 날도 아닌 평일, 대수롭지 않은 시간. 군산도 그저 평소처럼 제 모

양대로일 뿐이다. 다만,

군산에 이르기까지 '아침부터 오전까지의 나'는 여느 때 같은 여행자의 마음일 수 없다. 온통 뾰족하게 가시 돋친 채다. 나와 남과 세계를 오가며 탓할 거리를 찾느라 여념 없다.

오늘 아침 탓이다. 그 지긋지긋하고 끔찍한 서울 평일 출근 시간 집을 나선 탓이다. 캐리어를 질질 끌고 서울 지하철 홍제역 플랫폼에 섰을 때 도착한 지하철에는 과장 조금 보태 발바닥 두 뼘 정도 공간뿐이다. 사람들 표정은 밋밋하므로 살짝, 꿈틀대는 미간에도 마음은 무너진다. '민폐를 끼칠 텐가?' '아닙니다. 죄송합니다.' 말없이 힐난하고 고개 숙여 사과한다. 석 대쯤 지하철을 그냥 떠나보내고, 더는 안 된다, 작심하고 몸과 캐리어를 구겨 넣었다(이럴 것이었다면 아까 그 지하철을 타야 했다).

30분쯤 눈치 보며, 이대로 몸피가 줄고 줄어 내 몸이 사라져 버렸으면 좋겠어, 속으로 십수 번 되새긴 비명이 입 밖으로 튀어나올 때쯤, 터미널에 도착한다.

안심과 자각은 한 몸이다. '경제 위기를 겪는 군산'을 샅샅이 취재할 계획이라고 3주 정도 떠벌리고 다녔으나 한 일이 별로 없다는, 무거운 사실을 깨닫는다. 가방을 열고 정신없이 책과 자료를 뒤적인다. 내 탓이다.

만원 지하철 탓이며, 하필 서울에 너무 많은 사람이 사는 탓이며, 회사가 너무 많은 탓이며, 숱한 회사의 출근 시간이 9시쯤으로 맞춰진 탓이며, 그런 탓을 부단히 하지 않은 우리의 탓이며, 바뀌려 노력하지 않는 세상의 탓이며…. 주섬주섬 자료를 가방에 다 넣지도 못한 채 버스에서 내린다.

그리고 갑자기 탁, 맥이 풀린다.

서울의 밀도와 전혀 다른 밀도가 놓여 있다. 대수롭지 않은 시간, 아무 날도 아닌 평일이니 관광 도시다운 번잡스러움도 찾아볼 수 없다. 팔을 마구 휘적여도 되는 밀도, 혼잣말을 제법 크게 해도 미친 사람으로 보이지 않는 밀도. 훅 꺼진 밀도는 이상한 흥분을 자아냈고(토끼굴에 들어간 앨리스나 오즈에 떨어진 도로시를 떠올렸달까), 과장 섞인 메모는 어쩔 수 없다. '다른 공간, 낯선 세계에 들어섰다.'

군산 터미널은 구도심 변두리에 있다. 덕분에 아침 서울과 오전 군산의 낙차는 한층 극적이다. 구도심 중심부는 관광 지역으로 유명하다. 터미널에서 10분쯤 걸어야 나타난다. 시민 대부분 사는 곳은 2000년대 아파트가 자리 잡은 수송동과 나운동 일대, 혹은 최근 개발되는 조촌동쯤이다. 터미널에서 30분쯤 걸어야 한다. 신도심도 아니고 구도심 중심부도 아닌, '구도심 변두리'라는 위치는 너무도 어정쩡해서, '구도심 변두리' 말고 달리 부를 단어조차 없다. 터미널은 그런 데 있다.

쇠락은 누구의 탓도 아니다. 그저 터미널 주변이 너무 애매한 시점에(아마도 전후부터 1980년대까지) 번화했다가 잊혔을 뿐이다. 원도심 → 신도심 → 원도심 재개발 차례로 이어지는 전형적인 도시 개발 순서에서 빗겨나 있었던 것 같다. 서울로 치면 을지로나 영등포쯤 되려나.

운 좋으면 '레트로 힙 플레이스' 같은 곳으로 재발견되기도 한다지만 이곳은 당분간 가망 없어 보인다. 개성 없는 옷가게나 철 지난 사진관이 그럭저럭 자리 잡고 있다. 간판은 해져 손님을 모으겠다는 의지가 명백하지 않다. 무심하고 쿨한 태도가 보기에 따라 매력적일 수는 있겠다.

이윽고 진녹색 자루를 택시에서 꺼내는 외국인이 보인다. 미군이다. 야호! 그랬다. 군산은 한국 전쟁 때부터 미군 공군 기지가 있던 도시다. 여행자로 이 도시를 좋아했던 이유 중에 하나다.

종종 지역 도시에서 마주치는 미군은 이상한 감정을 자아내는데, 고백하건대 그 감정은 한반도의 비극에 대한 슬픔이랄지 반쪽짜리 주권 국가 시민으로서 느끼는 분노… 같은 것은 물론 아니다. 이를테면 (겪어 본 적도 없는 주제에) 가난과 통제와 적대가 엉망진창으로 얽힌 냉전 시대와 개발 연대를 추억하는 아련함 정도? 이런 얘기는 선배들의 혀 차는 소리가 무서워 입 밖에 꺼내 본 적은 별로 없다.

세계의 진보보다 개인적 감상에 마음이 이끌리는 건 다소 부끄럽대도 어쩔 수 없다. 대하소설은 잘 읽지 않는다. 사소설이나 일상 담은 영화와 드라마에 지나치게 몰입한다. 돌아보면 아침 서울부터 오전 군산에 이르기까지 이어진 사죄, 비명, 투덜거림, 죄책감, 해방감 따위 모든 감정은 별것도 아니다. 내 안에서 맴돌고 사그라지면 그만인 것들이다. 그래도 그 가운데 어쩌면 세상의 큰 줄기에 닿을 법한 게 있을지도 몰라, 어림없는 기대는 종종 품는다.

미군을 태우고 온 택시 기사는 다른 택시 기사 무리에 물처럼 섞여 들었다. 손님이 없으므로 급한 일은 없다. 택시 같은 건 길가에 버려두고 기사들은 한데 모여 웃는다. 왜? 그러다 이내 심각한 표정으로 말한다. 무엇을? 아무튼 웃고 고뇌한다. 대개 담배를 물었다. 호두과자며 오징어며 팔았을 것 같은 노점은 천막을 내려 뒀다.

다시 몇 걸음 그리고 몸의 각도를 틀면, 터미널 앞 로터리가 보인다. 펼침막이 걸려 있다. '노사 화합을 위

한 한마당 제13회 군산시 노사 가요제'를 알린다. 저것은
또 무엇인가. 검색한다. 한 지역 신문사가 매년 주최하는
꽤 규모 있는 노래자랑 대회다. 유튜브 영상 속에서 원래
노동자나 사용자였을 중년 남성들이 청바지에 흰색 티
셔츠를 맞춰 입었다. 장단에 맞춰 발을 구른다. 꽤 출중
한 실력이다. 귀여운 모습이라고 생각한다. 다만 그래 봐
야 휴대 전화 화면 속 잠깐 스치는 유쾌함이다. 아무 날
도 아닌 평일, 지역 도시, 구도심 변두리의 무기력을 쇄
신하기에는 역부족이다.

그런 식으로 보이는 것 하나하나 낯설고 당황스럽
고 별스럽다는 묘사를 틈틈이 적다 말고 멈춘다. 물끄러
미 다시 본다. 다르고, 단절돼 있으며, 예사롭지 않다는
공간 묘사 투성이다. 대체 무슨 의미가 있을까.

의미 없다. 구도심 변두리의 한산함이 도시의 위
기를 보여 주는 증거는 아니다. 여느 도시나 그렇다. 경
제 위기와 극복에 나름 이력이 난, 또한 재정 여력이 풍

부한 한국 같은 나라라면 위기 앞에 도시는 오히려 활력을 띨 수도 있다. 가장 눈에 잘 띄는 대응책이 초라한 동네 겉모습을 깔끔하게 단장하고 건물이나 조형물을 지어 대는 일이니까. 뒤늦게(이날 저녁 산책하다가) 알게 됐지만 군산 구도심 거리에는 루미나리에를 설치하는 작업이 한창이다. 군산은 곧 개항, 그러니까 현대적 의미의 도시로 자리 잡은 지 120년을 맞는다. 위기 속에서, 어쩌면 위기라서 더욱, 도시의 120년을 기념하는 축제는 화려해야 했을 것이다.

그렇다면 나는 무엇을 보러 군산에 왔나. 이만 서울로 돌아가야겠다. 이런 취재는 처음부터 이상한 일이었다. 잘해 봐야 과장이고 잘못하면 왜곡이다.

내내 품고 있었으나, 낯선 세계라 이르며, 혼자 (속으로) 울다 웃는 사이 잠시 잊었던 불안이 돌연 돋았다. 구원을 청하기로 했다. 그에게 전화한다. "저, 군산 왔어요."

군산에 와서 내뱉은 첫마디. 저, 군산 왔어요.

이어질 다소 긴 단락은 그 첫마디를 내뱉기까지 경위를 담은 것이다. 결국은 읽어도 그만, 안 읽어도 그만인 개인적인 혼란과 반성에 그치게 될 텐데(사실 이 책 전반이 그렇다), 그렇다 해도 적지 않고 넘어갈 수는 없다. 보편적인 혼란, 보편적인 반성에 닿을 일말의 가능성을 기대하며 굳이 적는다.

얄팍하다

현대중공업 군산 조선소가 2017년 7월 가동을 '중단'했다. 한국지엠 군산 공장이 2018년 5월 31일 완전히 문을 '닫았다'. 공장 노동자, 협력 업체 노동자, 그 가족을 더하면 군산 사람 4분의 1이 덕분에 벌고, 먹고, 살았다고 여겼던 곳이다.

한 공장 멈추고, 또 한 공장 문을 닫고. 그로부터 4개월 뒤인 2018년 9월.

김성우는 물끄러미 '높은 분들'과 그의 무리를 둘러보고 있다. 170센티미터가 좀 넘는 키에 큰 눈이 주는 선한 느낌이 도드라진다. 언제든 웃을 준비를 하고 있는 눈매다. 그의 앞에는 김동연 당시 경제부총리(기획재정부장관)가 앉아 있다. 부총리가 고용 및 산업 위기 지역을 방문했다.

전북도지사와 군수는 부총리 곁에 바짝 붙어 걸었다. 손짓하며 무언가 설명하는데 귀 기울여 듣지는 않았다. 보좌하는 공무원이 뒤따랐다. 기자들도 우르르 몰려다녔다. 일상적인 풍경이다. 내 자리는 우르르 몰려다니는 기자 무리 어디쯤, 기획재정부를《한겨레》기자로 출입한 지 1년 반쯤 됐다.

김성우는 "그냥 평범한 지엠 공장 실직자"라고 자기를 소개했다. 스스로를 실직자라고 부르는 게 어색할 법했다. "토박이고요", 덧붙였다. 좀 나아 보였다.

지역 고용 센터가 사정해 얼결에 김성우는 불려 나왔다. 평소 거절을 잘 못하는 성격인데 그렇게 맡은 일을 또 지나치게 열심히 한다. 꾸준함과 성실함의 가치를 믿으며 살았다. 스스로 의지는 아니었대도, 어쨌든 자리에 앉았으므로 힘든 지역 상황을 부총리한테 잘 설명해 내야 한다는 과업이 생겼다. 과업이라니, 오랜만이다.

"군산이 꺼져 가는 등대 같아요. 우리 애들한테 이 도시가 이렇게 기억되겠죠. 그게 제일 안타깝네요." 긴장을 감추려 깍지 낀 손을 테이블에 얹는다. "말씀을 아주 잘하시네." 부총리가 기운을 북돋웠다. 얼마나 위로가 됐을지 모를 일이다. 주거니 받거니 한 실직자와 대한민국 경제 수장의 대화가 이어졌다.

그 모습을 집중해서 보지 않았다. 이날 취재는 '갈 만한 가치는 있는' 그러나 '크게 공들일 필요는 없는' 정도라고, 영악하게 선을 그었다.

갈 만한 가치. 최근 전반적인 고용 감소에 있어 제조업과 중년은 핵심 요인이다. 한국지엠 공장이 문 닫은 군산은 그 적나라한 사례다.

그러나 크게 공들일 필요 없는. 한국지엠 군산 공장이 문 닫기로 결정한 2월부터 기사는 이미 쏟아졌다. 2000명쯤 일하는 지역 공장이 문을 닫은 게 한국 경제 전반이나 전국 단위 고용 지표에 치명적이지는 않다. 기획재정부는 경제의 큰 틀에 집중하면 되는 출입처다.

무엇보다 온 나라와 편집국의 관심은 이날 열린 남북 정상 회담에 쏠려 있었다. 문재인 대통령과 김정은 국무위원장이 만나 남북 공동 선언문을 발표했다. 김성우의 절박함을 세세하게 적을 공간이 그날 신문 지면에 별로 없다.

건물 바깥으로 나왔다. 다른 기자들도 서성였다. 저마다 전화를 붙들고 있다. 앞으로 남북 경제 협력은 어떤 절차를 밟아 갈지, 개별 협력 내용은 UN 대북 제재에 위반인지 아닌지 따위를 묻고 있는 거였다. 그 틈에 끼어 적어도 되고 아니 적어도 되는 문장이 담긴 메모를 편집국에 보냈다. 면피했다.

김성우와 대화하고 나오는 부총리에게 기자들이 던진 첫 질문 역시 '정상 회담 합의문에 나온 경협 안건을 어떻게 준비하고 있는가'였다. "여건이 성숙될 경우 속도감 있게 추진하겠습니다" 정도의 당연한 대답이었던 것 같다.

'무려 남북 정상 회담·경협' 같은 웅장한 시공과 거기에 대한 '무려 부총리'의 한마디를 기록해 두는 게, 실직한 지역 노동자의 열 마디에 귀 기울이는 것보다 중요하다고, 그때 나는 생각했다. 공허하고 당연해도 중요한 말과 구체적이고 절박하지만 덜 중요한 말을 무참히 갈라 내는 것이 우리 일이라고, 나는 그때 믿었다.

거대한 말들 사이에 김성우는 조금 빗겨 서 있을 뿐이다. 자세는 어정쩡하다. 그냥 가면 되는 것인지, 좀 더 있어야 할지 감을 못 잡고 있다.

앞으로 취재에 필요할지 모른다는 다분히 타산적인 생각으로 김성우 옆에 슬그머니 섰다. "《한겨레》 방준호라고 해요. 연락처, 여쭤봐도 괜찮을까요?" 눈가에 주름을 얹으며 그가 웃는다. 천천히 불러 주는 열 자리 숫자를 휴대 전화에 찍어 누른다. "정말 연락 드릴지도 몰라요. 관심 많아서."

관심 많다는 말은 어디까지 진심이었을까. 그와 그

의 도시가 겪는 불행이 정말 궁금했다고, 알아보고 함께 방법을 찾아봤으면 좋겠다는 의미로, 그는 받아들였을 게 분명하다. 무엇이 힘든지, 그의 마흔여덟까지 삶은 어떤 것이었고, 그가 어떤 사람과 풍경 속에 그 시절을 지내 왔는지, 정년까지 한 10년 정도는 더 이어질 게 당연했던 일상이 한순간 무너졌을 때 사람의 감정은 어떻게 휘몰아치는지, 그런 말을 속에 가득 품고 있었을 것이다. 이날 최선을 다해 그가 전하고 싶었던 말이다. 채 다 전하지 못했더라도 그의 표정과 길어 올린 몇 단어를 들었을 때 제대로 된 사람이라면 그런 의문을 품어야 했고, 그는 사람은 모두 그렇다고 믿는 자다.

그러나 멍청하며 오만한 나는, 세상과 경제가 움직이는 경로는 이미 일정하게 굳어 있다고 믿는 자였다. 시스템을 신처럼 숭배했다. 경제 발전에는 보편적인 원리와 경로가 있고 그에 따라 좋아지는 부분과 나빠지는 부분은 당연히 있다. 나빠지는 부분에 대한 처방은 몇 가지로 이미 정리돼 있다. 객관식 시험처럼 선택지가 이미 놓인 문제다. 여기, 개인의 고통을 읊는 절절한 서사는 글쎄, 정책을 우리가 지향하는 선택지로 끌어오기 위한 좀 더 생생한 근거가 될까, 정도를 생각했다.

조만간 또 질문과 설명과 공격과 방어를 주고받으며 푸닥거리해야 할 월 단위 고용 지표가 발표된다. 매달 기사에 담을 주제를 정하기 난감할 정도로 오랫동안 고용 침체가 이어지고 있다. 실직자인 그를 기사의 도입 정도에 적을 사례 인물로 '활용'할 수 있을 터였다. 김성우와 첫 만남은 다분히 얄팍한 계산에서 비롯했다.

그날 부총리 군산 방문 기사는 원고지 7매 정도 디지털 기사로만 출고했다. 신문 지면에 실리지 않았다. 예상했던 일이다. 쓰는 데 30분도 채 걸리지 않았다. 세종정부청사로 돌아오는 버스 안에서 기계적으로 키보드를 눌렀다. 정해진 형식에 맞춰 정해진 팩트를 채웠다. 모두가 쓸 법한 정도의 내용을 채워 넣은 기사에는 〈김동연 "그동안 방식 벗어나 위기 지역 지원"〉이라고 제목 달았다. 통신사 기사와 크게 다르지 않다. 이 정도면 괜찮다.

전북도지사며 군산시장이며 총출동한 데다 지역 해산물로 정성껏 준비한 점심까지 훌륭해서, 아 이 도시 절박하구나 잠깐 생각하긴 했다. 그뿐이다. 꺼져 가는 등대랄지 토박이의 심정 같은 김성우의 말은 물론 일절 적지 않았다.

창밖으로 농공 단지의 풍경이 스쳐 갔다. 논과 못생긴 가건물 공장이 질서 없이 놓여 있다. 군산시에서 챙겨 준 이성당 단팥빵은 역시 맛있다.

김성우를 다시 만난 건 생각보다 이른 시점이다.

부끄럽다

그로부터 한 달 뒤, 통계청이 2018년 9월 고용 지표를 발표했다. "(앞자리가) 3이에요, 4예요?" "2예요, 3이에요?" 발표 전날 통계청 직원들을 (닳고 닳은 기자인 양) 떠보는 일을 더는 하지 않는다. 어차피 빤했으니까. 황당한 숫자는 숙명처럼 놓일 것이다.

작년 대비 취업자 수 증가폭이 40만 명 이상이면 양

호(그러니까 4), 30만 명이면 보통(그러니까 3), 20만 명이면 저조(그러니까 2)로 맞추어 기사를 쓰는 관행 같은 게 있었다(이상한 공식이다). 관행은 무너졌다. 시작은 2018년 2월부터다. 2월 10만 4000명, 3월 11만 2000명, 4월 12만 4000명 증가했다. 9월 취업자 수는 작년보다 4만 5000명 늘었다.

고용 지표가 악화할수록 숫자가 지니는 정치적 존재감은 커졌다. 흔들리는 일자리는 '일자리 정부'를 다짐한 문재인 정부의 무능을 공격하기 좋은 소재였다.

실은 2000년대 이후 모든 정부가 일자리 정부를 결심했다. 일자리는 지표가 흔들릴 때마다 부단히 대책을 내놓는 대표적인 과제가 되어 있다. '노동은 인간 삶의 본질' 따위 고색창연한 당위 때문은 아닌 것 같다. 21세기 한국 사회에서 일자리의 맥락은 일종의 나랏돈 들지 않는, 노력한 만큼 주어지는 '공정한' 분배 정책에 가깝다. (무려 시장이 완벽히 승리한 21세기에) 기업에 조금이나마 임금을 통해 분배 책임을 지우는 방법으로 여겼다. 노력한(?) 자에게만 떡이 주어져야 한다는 공통 감각(?)에 바탕한 분배처럼도 보였다. 보수든 진보든 다른 의견이 끼어들 틈이 없다. 모두가 '중요하다'고 했다.

그 중요한 지표가 이 모양이니 기자실은 아수라장이다. 아침 7시 30분, 기자들이 기자실에 모여든다. 고용지표를 담은 자료가 놓인다. 기자들은 공식 발표 시점(9시)에 맞춰 디지털 기사를 내보내야 한다. 책자를 1초라도 빨리 받아 내겠다고 극성이다. 기자실 문 앞에서 자료가 도착하길 기다리고 있다가 포장을 뜯는 통계청 공무원의 더딘 손을 노려본다. 몇몇은 못 참고 쭈그리고 앉아 자료가 담긴 박스를 공무원과 함께 뜯는다. 후르륵 펼쳐 전년 동기 대비 취업자 수 확인, '이런'. 업종별 확인, '제조업 왜 이래'. 연령별 확인, '청년 여전, 중년 어휴….'

이윽고 통계청 고용 담당 과장이 자리에 앉아 '사전 설명'이라는 것을 시작한다. 설명하는 이는 한껏 미안한 표정이다. 그저 통계를 분석할 뿐인 통계청 직원이 왜 미안해야 하는 건지는 모르겠다(지표 설명과 해석 능력이 탁

월했던 당시 고용 통계 과장은 '이유는 모르겠는데 늘 송구하다'고
송구한 표정으로 말하곤 했다).

《한겨레》 기재부팀(세 명이었고, 나는 막내였다)도 보
통 고용 지표 발표 1주일 전부터 나름대로 숫자를 예상
했다. 이를 바탕으로 짚어야 할 이슈를 틈틈이 토론했다.
각 잡고 토론했다는 얘기는 아니다(우리가 그럴 리 있겠는
가). 각자 귀동냥한 얘기, 읽은 글과 보고서, 무엇보다 아
는 사람의 고민과 아는 사람의 아는 사람의 불행 같은 것
(그러니까 그냥 흔한 남 얘기)을 밥 먹거나 산책하며 툭툭 던
진다. 그러다가 떠오르는 아이디어를 마구 합쳐 본다.

그래도 막상 기사를 쓰는 날에 압박감은 컸다. 우리
경제의 구조적인 숙제가 이 숫자에 어떻게든 녹아 있을
것만 같았다. 어떤 달은 인구 구조 변화를, 어떤 달은 산
업 구조 변화를, 어떤 달은 고용과 부가 가치 사이 불균
형을, 어떤 달은 IMF를 겪은 베이비붐 세대의 불안정한
이후 고용 경로를, 어떤 달은 재정 정책의 필요성을 주제
로 삼았다. 이런 짓을 7개월 가까이 반복하고 있다. 사실

또 새로운 무언가를 짚어 내는 게 쉬운 일이 아니었다. 아무리 써도 공허했다. 무언가 비어 있는데 그게 뭔지 알 수 없었다.

9월 고용 지표 발표 때는 군산에 가서 중년·제조업 실직자 이야기를 들어보기로 했다. 정은주 기자가 제안했다. 그는 숫자 투성이인 부처에서 그게 결국 사람 일이라는 걸 여전히 잊지 않는 사람이다. 원인을 모르겠고 공허하나, 뭐라도 말을 얹어야만 하는, '몇 만 감소, 몇 천 감소' 하는 숫자가 그 역시 갑갑했을 터다.

전체 고용 규모는 전년 대비 증가 폭이 줄어든 정도였지만, 제조업 고용 규모는 2018년 4월부터 아예 감소했다. 40~50대 생산직 노동자가 크게 줄었다. 독특했다.

흔히 고용의 약한 고리라고 부르는 이들(비정규직, 여성, 청년)은 경기 상황에 따라 고용 규모가 줄고 늘기를 반복한다. 남성과 제조업은 다르다. 굳이 따지면 일자리의 단단한 중심이다. 한국 사회에 남은 가부장적 문화 때문일 수 있다('일하는 건 아빠다' 따위의 어이없는). 이들의 노동만큼은 1990년대 이후 견고해진 노동조합 덕에 안정적으로 보호받고 있었기 때문일 수도 있다. 이런저런 이유로 여간해서 흔들리지 않았다. 여간하지 않을 때만 흔들렸다. 제조업 고용의 대량 감소가 발생할 때는 보통 외환 위기니 세계 금융 위기니 하는 눈에 띄는 외부 충격이 앞섰다.

그런데 이상하게도 한국 경제에 눈에 띄는 충격이 없다. 늘 그렇듯 기력 없는 모습으로, 어제가 오늘 같고 오늘이 내일 같고, 그럴 뿐이다. 대체 우리한테 무슨 일이 벌어지고 있는 걸까. 실은 정부도 학자도 기자도 명확한 답을 찾지 못했다. 논란만 있다.

김성우한테 전화했다. "기왕 보는 거 같이 밀려난 동료들을 모아 보겠다"고 흔쾌히 그가 말했다. 솔직히 그렇게 반갑게 맞아 줄지는 몰랐다. 둘러앉아 술 마시며 요즘 사는 얘기나 두런두런 나누기로 했다.

2018년 10월 12일, 김성우와 동료 두 사람이 군산 지곡동 한 술집에 모였다. 아직 서로를 직함(박공장님, 한 공장님, 또는 김직장 하는 식)으로 부른다. 함께 일했던 시간이 "인생의 황금기"였다고 확신한다. 서로 불러 주는 직함은 몇 안 남은 황금기의 유물이다. 한철민과 김성우는 한 부서에서 일했고, 박철수는 옆 부서이긴 했으나 일이란 게 대개 그렇듯 20년 넘게 얽혀 있다가 문득 돌아보니 친해져 있다.

쉰네 살 박철수가 공장을 나오던 마지막 날 이야기를 했다. 20년 넘게 모아 온 업무 수첩, 그게 눈물 버튼이었다. "업무 수첩을 그냥 버렸다가 직원들이 거기 적힌 내용을 보면 또 좀 그렇잖아. 그래서 정수기 물에다가 한 장, 한 장씩 적셨어. 아니, 민감한 건 아니고. 그래도 조금씩은 직원들 평가가 있으니까. 야, 근데 그 순간에 왜 이렇게 울컥하는 거야."

재취업 교육을 받겠다고 고용 센터에 가서 서로를 다시 만난 날, 간만에 행복했다. "할 일 없이 집에 있다가 재취업 교육받는다고 다시 얼굴을 봤어. 근데 그게 또 너무 좋았어. 얼굴만 봐도 좋은 거야."(박철수)

나이 50과 경력은 새 출발의 자산이기보다 걸림돌이다. 그걸 이제 알았다. "내가 사장이라도 부담스럽지. 안 될 것 같기는 한데, 그래도 가만히 있으면 불안하니까 교육은 받아. 취업을 해야겠어서 받는 교육이 아니라 그냥 마음을 안정시키는 효과가 있지. 안정을 시켜 줘, 음."(한철민) "그런데 교육받고 자격증만 따는 분위기가 우리 사이에 생겨 버렸어. 한공장님 오늘 우리 몰래 또 가서 자격증 하나 더 따 왔더라고. 배신자."(김성우)

어쩌면 회사 다닐 때보다 더 열심히 살고 있다. 공부하고 자격증 따는 학생의 자세다. "이렇게 공부했으면 서울대 갔다"는 흔한 말이 과장이 아니라 짠하다. 그렇게 살아야 덜 불안했는데, 그렇게 살아도 불안했다.

"내 자신이 바보 같아요. 아침이 안 왔으면 좋겠다, 이런 생각이 들고."(박철수) "우리 아파트 살던 직원이 자살했어. 마음이 참 그렇더라고."(김성우)

대화는 마냥 우울하지 않았다. 자주 잡담으로 흘렀고 꽤 많이 웃었다. 예전처럼 달라진 거 하나 없다는 듯 그럴 수 있는 사람들끼리 모여 앉은 것이므로, 당연하다. "우리 진짜 좋았어. 재밌게 했고. 일도 열심히 했고 놀기도 잘 놀고. 나는 원칙이 회사 바깥에서는 회사 얘기하지 말자, 절대로. 그래도 할 말 진짜 많았는데."(한철민)

그런 말들을 쏟아 내며 실직한 세 사람도 우리도 잔뜩 취했다. 집에 돌아오는 길, 감정이 흘러넘친 김에 반복해서 듣던 노래를 김성우에게 보내고 말았다(모두 그렇지 않은가. 그럴 수도 있지 않은가). '돌아보니 참 험난했구나/비단길이라 생각하며 떠나왔는데…'(도재명, 〈여로에서〉) 김성우는 "노래 참 좋네. 나도 감성적인 편이라"고 답장함으로써 무안하지 않게 배려했다(다만 이후 지속적인 놀림거리로 삼았다). 아침에 일어나 간밤에 노래 보낸 흔적을 보고 비명을 질렀다.

기사를 썼다. 감정은 배제하고 그들의 마음 같은 것도 일단 접어 두었다. 필요한 지점에 맞춰 필요한 말만 추렸다. 신문 지면은 한정적이다. 정부가 들어야 할 핵심 대목만 짚어야 했다. 원활하지 못한 중년 제조업 실직자

이직 과정을 주로 적었다.

온전하지 못한 기사였다.

괴상하다

해야 하는데 자신 없는 것들은 작게 적어 두곤 한다. 남들이 못 보길 바라며 있다가, 혹여 얘기가 나오면 "이것 봐요. 생각은 했어요" 말한다.

2019년 4월, 김성우와 동료들을 만나고 반년쯤 지나 《한겨레21》로 부서를 옮겼다. 노란 공책에 취재할 것들을 적어 두고 류이근 편집장과 마주 앉았다. 노인과 인구 변화, 기술과 노동 같은 큼직한 글씨 틈새에 아주 작게 '지역×경제'라고 적었다. 지역 얘기를 먼저 꺼낸 건 류 편집장이다. "고용 위기 지역들은 어때?" "아, 저도 적어 놓기는 했는데…."

한국지엠 군산 공장이 떠난 지 1년이 되어 가고 있다. 고통이든, 슬픔이든, 변화든 있을 터다. 자신 없었다. 군산에 관해서라면 지난 1년 나는 편협하고 오만했으며 얕았고 부끄러웠다. 핑곗거리도 있다. 2018년 하반기 군산 고용률은 0.5퍼센트포인트 반등했다. 군산의 위기야 자명하므로 별 새로운 얘기도 아니다. 이미 정부가 고용 위기 지역으로 지정했다. 여기, 무엇을 더 얹을 수 있는가.

느긋하고 관대하나 고집 센, 알 수 없는 인물인 류 편집장은 "기사는 많지만 충격이 한 도시에 떨어지고, 그 여파가 미치는 결들을 세밀하게 보여 주는 건 없었던 것 같다"고 말했다. 싫지만, 맞는 말이라고 생각했다.

현장 취재를 덧붙이더라도 기사의 중심이 되는 것은 늘 메시지다. 사람은 정해진 '야마'에 맞춰 배치된다. 나 역시 그랬다. 어쨌든 기사는 명확한 주제 한 줄을 전하는 것이라고 생각했다.

기사 쓰는 일을 점점 진심이라고 부를 만한 감정을 배제하는 과정으로 여겼다. 진심은 늘 복잡하고 한마디로 정리할 수 없는 데다 창피하니까(취한 밤 김성우한테 보낸 노래처럼).

또한 스스로를 보호해야 했다. 진심이 아니어야, 기

사가 욕을 먹거나 비판받아도 덜 아팠다. 그건, 그냥 내 생각이 아니라 기사를 위한 기사일 뿐이니까. 답을 모르면서도 아는 척했다. 다분히 추상적인, 그러나 실질적인 도움은 되지 않을 답을 나열했다. 그렇게 나를 지켰다. 지켰다고 생각했다.

류 편집장은 다시 한번 이상한 말을 덧붙인다. "최소 한 달, 최소. 필요하면 당연히 그 이상 군산에 머물러도 되고. 근데 무엇보다 미리 주제를 정하지 말았으면 좋겠어." 하고 싶은 말을 정하지 않은 취재라니. 정답을 쉽게 말하지 않는 기사라니. 죽이 될지 밥이 될지 모르는 일이다. 괴상한 일이다. '해 보고 안 되면 어쩔 수 없지' 같은 마음이 돼 버렸던 것 같다.

낯설 수 없는 세계

비 내린다. 편의점에서 산 싸구려 비닐우산을 펼치면서, 나는 다시 낯선 세계를 생각한다. 번잡하고 짜증스러웠던 오늘 아침 서울의 밀도와 활력은 어느새 아스라하다.

이제 낯선 것은 그쪽, 서울이다.

　　무엇이든 과잉이다 싶을 정도로 꽉꽉 들어찬 서울에서 나는 궁금해하지 않았다. 가득 들어찬 물건과 그 물건을 쥐고 다급히 걷는 사람을 보며, 누가 그 물건과, 밀도와, 혹은 경제적 활력이라고 부르는 것을 만들었는지는 생각해 보지 않았다.

　　'한국 경제의 기초는 제조업'이라는 명제는 너무 오래된 정답이라서 오히려 생각거리가 되지 않았다. 2010년대 후반 고용 기사를 쓰는 나 같은 젊은 경제 기자들은 이런 문장을 공식처럼 외웠다(역시 이상하다). '제조업=좋은 일자리' '제조업=수출' 그러므로 '제조업=중요해!'

　　그런데도 제조업을 말하고 생각하는 일은 드물었다. 좀 시대에 뒤처진 것처럼 느꼈다. 1980년대 후반 수도권에서 태어나 2000년대 이후 서울에 살며 작은 공장이나마 제대로 본 기억이 없다. 주변 대부분은 컴퓨터 화면을 일터 삼았다. 공장과 삶의 거리가 멀면 멀수록, 반짝이는 것 같았다. 2010년대를 지내면서 공식처럼 외운 문장(제조업=중요해!)을 실감하는 일은 점점 드물었다.

세계를 잇는 금융 시장, 첨단 기술에 대한 비전, 가상 공간에서 구현되는 놀거리, 기획하고 경영하는 일, 글로벌 기업 헤드쿼터의 움직임, 한껏 멋을 낸 프레젠테이션과 탄성…. 마음은 이런 데 주로 동했다.

그런 채로 자동차, 배, 사료, 유리, 심지어 주사기 바늘까지, 이것저것 만드는 제조업 도시가 눈에 띌 리 없다. 생각하고 싶지도 않았다. 땀 냄새가 날 것이었다. 기분 나쁜 쇳소리도 날 것이었다. 찐득하고 요란할 것이었다. 나를 둘러싼 온갖 당연한 사물과 시끌벅적한 분위기의 연원을 톺아보는 일은 필연적으로 비루함을 동반했다. 군산이 품고 있는, 산업 단지 같은 데서 만들어 낸 당연한 풍요 속에서, 고작 서울의 과도한 밀도와 활력을 짜증 내며 나는 잘 살았다. 덕분에 잘 살아 놓고 감히, 쉽게, 이제는 보고 싶지 않은 것들의 목록에 새겨 두었다.

그러니 눈 감아 버려도 괜찮은가? 그들의 고통은 고립된 채 그들만의 고통이어야 하는가? 그럴 수 있는가?

제조업 도시의 희망과 절망이 교차하는 김성우의 삶, 한국과 세계 질서 안에서 그의 도시가 가지고 있다가 문득 잃어버린 것 속에 무언가 의미는 있을 것이다. 그리고 그건 익숙한, 나의 세계라고 믿는 공간과 무관하지 않을 것이다.

그러므로 이 체류기, 반성문, 취재기⋯ 아무튼 괴상한 이야기는 최소한의 윤리에 닿기 위한 개인적인 작업이다. 어느 도시의 한 시절 상실과 싸움과 포기와 바람을 가능한 세부까지 포착하기로 한다. 얼핏 당연하나 놓쳤던 생각을 다시 찬찬히 덧붙인다. 낯선 다른 세계와 익숙한 내 세계의 관계를 다시 밝히도록 애써야 한다고 마음먹었다. 집에 돌아가고 싶은 마음은 여전했지만 참았다. 체면 말고도 남아야 할 이유가 좀 더 생겼다.

"저, 군산 왔어요. 적어도 한 달, 어쩌면 두 달쯤 계속 있을 것 같아요." 전화기 너무 김성우가 반기는 목소리가 들린다. "오, 잘됐다. 진짜 반갑네. 얼른 그때 멤버들 모아 볼게." 역시, 좋은 사람이다.

빗줄기가 굵어졌다.

이후 이어질 이야기는 열한 개의 장으로 구성될 텐데, 크게 두 부분으로 나뉜 것처럼 보일 것이다. 1장부터 4장까지는 해방 이후 잊혔던 도시가 제조업 도시로 질서를 잡아 가는 과정을 시간의 흐름을 따라 적었다. 5장 '그날', 공장은 떠난다. 오랜 시간 쌓아 온 질서가 그 결을 따라 해체된다. 쌓아 온 질서에 대한 반성의 기회이며, 그러므로 희망의 여지다. 이런 얘기를 6장부터 11장까지 한다. 첫 부분은 쓸 데 없이 산만하고 뒷 부분은 쓸 데 없이 진지하다.

시시콜콜한, 개인적인 이야기로 읽힐 것이다. 세상의 큰 줄기에 닿아 있는, 모두의 이야기가 될 여지도 조금은 있다.

직함이 없는 실직자의 이름은 모두 가명이다. 직함을 적어 둔 이들의 이름은 실명이다. 직함은 처음 만났던 시점을 기준으로 했다.

1장

토박이

유별나고 애틋한 사람들

버스 안을 밝힌 불이 밝아 군산의 밤 풍경은 잘 보이지 않는다. 아쉬운 일이라고 생각한다. 안내 방송을 들으며, 이제는 제법 익숙해진 군산 지도를 떠올려 가며 여기는 어디쯤 저기는 어디쯤 헤아릴 따름이다. 한참을 떠들던 그와 나는, 서로 할 말을 대충 마쳤으므로 침묵한다. "전 여기 내리면 될 것 같습니다." "그렇지. 항도장이랬죠? 여기 내리면 되요."

강박은 토박이로부터

"그러니까 군산은⋯." 도시 이름을 부른 뒤 군산 사람들은 이런저런 형용사를 고르느라 한참 고심한다. 어떤 동네였지? 도시를 생각할 때 피어오르는 군산 사람들의 감개는 깊고 깊다. 유난스럽다.

앞으로 군산에서 만난 이들을 곧장 '군산 사람들'이라고 적는 데 죄책감을 느낄 필요는 없다. 만날 이들 대개 토박이이므로 '군산 사람들'이 맞다. 그렇지 않은 경우에도 도시의 운명과 강렬한 일체감을 표현했다. 구태여 그런 사람을 찾아다닌 건 아니다. 그런데도 막상 마주 앉고 나면, "제가 군산에서 태어나…"로 대개 이야기는 시작됐다. 만나는 이들마다 취재 대상(도시)에 어쩜 이토록 애틋할까! 운이 좋았다. 아니다, 실은.

━━━━━━━━━━━━━━━━━━━━━━━

군산은 토박이가 유난히 많은 도시다. 토박이 통계 같은 것이야 물론 없는데, 2013년 이전까지 노동 수요 자급 비율이 75퍼센트 정도 이르렀다(한국고용정보원, '자동차 산업 지역 일자리의 고용 효과 분석'). 군산이 일터고 삶터고 놀이터인 사람들 비중이 크게 높다. 군산의 역사가 깊고 생활 환경이 나쁘지 않은 이유도 있겠다. 혹은, '대규모로 다른 도시에서 사람이 들어오고 자리 잡아 뒤섞일 정도로 성장하지는 못했다'고 어느 군산 시청 공무원은 해석했다. 인구는 26만 7000명(2020년 기준) 정도다. 전라북도에서 두 번째로 많다. 웬만한 수도권 위성 도시보다는 적다.

토박이의 도시라는 건 좋은 점이다. 또한 답답한 점인데, 이를테면 이런 툴툴거림도 듣는다. "딱 만나면 누구의 조카 누구의 아들인지 인연부터 찾죠. 몇 다리 건너면 하나는 걸려요. 그럼 엄청 반가워들 하고. 다만 군산이랑 아무 인연이 없는 낯선 사람들한테 폐쇄적으로 느껴질 법한 부분도 있어요. 인간관계도 그렇지만 사업이나 일하러 온 입장에서는 더 그럴지도 몰라요. 좀 이상해

보일지도 모르겠어요."(김선화, 군산여성인력개발센터장. 그
역시 토박이다.)

　　그런 도시가 단순한 배경 정도일 수 없다. 대상에 대
한 감정은 어느 틈에서나 진득한 이야기를 만든다. 그러
므로 애틋한 대상, 군산에 얽힌 이야기는 넘치고 또 넘칠
것이다.

　　그 풍성한 이야기의 가능성을 거리낌 없이 좋아할
수 없었다. 풍성하다는 건, 그만큼 이야기의 범주가 넓어
진다는 뜻이다. 자칫 게을렀다간 오해하고 실패하고 미
처 보지 못할 구석이 많아질 수 있다는 의미다. 주어진
취재 시간은 일반적인 관행에 비춰 길다곤 해도, 고작 두
달쯤이다. 군산에 더 닿아야 한다는 강박에 사로잡혔다
(대체 물건도 사람도 아닌 도시에, 어떻게 닿는단 말인가). 일단
은, '어떤 도시에요?' '어떤 동네에요?' 만나는 토박이한
테마다 성마르게 물어 댔다.

　　강박은 급기야 충동적인 이사(?)로 이어졌다. 동선
이나 가격 면에서 딱히 흠잡을 데 없었던 터미널 옆 대형

호텔이 나의 첫 군산 집이었다. 이내 그곳을 떠나 '호텔
항도'라는 구도심(관광 지역) 작은 호텔로 옮겼다. 오래된
호텔이라는 정보를 인터넷 어딘가에서 보았다.

호텔항도가 호텔(혹은 항도장이라는 여관)로 운영된
지는 60년이 넘었다. 하얀색 작은 3층 건물, 마당에는 고
풍스러운 향나무가 심겨 있다. 호텔 이전에는 총독부 영
빈관으로 쓰다가 미군정청 관리가 신탁 통치 기간 살았
던 곳으로 '전해진다'(전해진다는 표현으로 설명할 수밖에 없
는 미스테리함도 마음에 들었다). 복도에는 옛 항도장 모습을
담은 흑백 사진이 걸려 있다. 이승만 대통령도 군산에 올
때마다 머물렀다고 '전해진다.' 여기라면 자고 누워서 생
각하는 것만으로 군산에 조금 더 닿으리라고, 황당하게
도, 여겼다.

물론 고풍스러운 호텔 방 안에 누워 있는다고 저절
로 군산이 내 안에 들어오는 일 같은 건 벌어지지 않았
다. 근심하며 펜을 쥐었다. 시티 투어 버스라도 타 볼까.
아니다. 아무리 제멋대로인 상태라지만(회사에서 완전히

잊힌 듯 연락이 오지 않는다. 종종 편집장과 통화하지만 무엇을 구경하고 먹었는지 묻고서 '조급하지 않아도 돼' 하고 만다. 그는 정말 이상한 사람이다. 아니다. 나를 포기한 것이다). 하루 온종일 관광객이 되어 구경만 다닐 수는 없다. 나는 일, 그래 일을 하러 군산에 왔다.

그렇다면… 시내버스 운전 기사를 만나 보면 어떨까? 버스 기사는 어느 도시에서나 매일 사람과 공간을 보는 사람이다. 버스 기사를 가이드 삼은 군산 투어를 하는 거다! 어처구니없는 생각을 하고 혼자서 "괜찮네" 읊조렸다. 무작정 버스 회사에 전화를 걸었다. 이런 투어라면 당연히, '그' 버스를 타야 한다. 7번 버스.

군산 7번 버스 노선은 느리고 비효율적이다. 시티 투어에 완벽한 조건이라는 얘기다. 군산 시내를 기준으로, 동북쪽 외곽인 군산역에서 출발한다. 신시가지인 조촌동, 수송동을 지난다. 시외버스 터미널을 지나 중앙동, 월명동 일대 군산 구도심을 돌고, 월명 호수를 낀 나운동으로 간다. 이제 반 왔다.

여기까지 사람을 위한 공간이었다면, 이제 생산을 위한 공간이다. 군산 국가 산업 단지며 수출을 위한 군산항이 있는 오식도동을 고루 지난다. 진행 방향을 기준으로 오른쪽 창가에 앉는다면, (이제 와서 별 의미 없대도) 한국지엠 군산 공장 '간판'이랄지 현대중공업 군산 조선소 크레인 같은 걸 볼 수도 있다.

아직은 빈 땅이 많은 새만금 산업 단지까지 훑고 나면 군산 서쪽 끝 비응항에 도착한다. 동에서 서로, 샅샅이, 꼼꼼하게, 답답하게 군산 주요 지역을 지난다. 편도 1시간 40분이 걸린다.

7번 버스가 노선 번호는 같아도 소속 회사는 두 개로 나뉘어 있다는 것을 알게 됐다. 한 회사에서 '뭔 얘기를 하는 건가' 싶어 당황하는 반응을 들었다(당연하다). 나머지 한 곳인 군산 여객에 전화했다. 운이 좋았다. "《한겨레21》이요? 좋아하는데. 하어영 기자도 거기 있잖아요, 왜. 라디오에서 방송도 하고." 사무실 직원이 내 뒷자리 하어영 기자 이름을 읊는다. "하어영 선배랑 되게 친해요"라고 친한 척(실제 친하다고 믿고 있다)하며 도와 달라고 들러붙는다. "아, 근데 7번 버스는 한 분이 운전하시는 건 아니고 매일 바뀌는데, 오늘 저녁에 말씀 잘하시는 분이 운전하시니까 시간 맞춰서 군산역으로 가 보세요. 말씀드려 놓을게."

얼굴 한 번 본 적 없는 누군가 대가 없는 호의를 베푼다. 사실 그런 의외의 호의가 아니면 취재는 시작도 하지 못한다. 호의는 어디서 비롯할까. 공무원이나 전문가나 홍보 직원 정도가 아니라면 취재는 크든 작든 비일상적인 행동이다. 일탈이다. 호의의 이유야 '재밌겠는데?' 싶은 모험심일 수도, 갑작스레 동한 모종의 사명감 때문일 수도 있을 것이다. 어느 쪽이든 (무척 개인적이며 한편 수세적인 나에게는) 이해할 수 없는 신비하며 고마운 마음이다.

눈치 없는 광고

그런, 별로 중요하지 않은 잡생각을 하며 군산역에 가서 버스 기사를 기다린다. 대합실에 앉아서 할 일이라곤 틀어 놓은 TV를 멍하니 보는 것뿐이다. 기차든 사람이든 대합실에 앉아 무언가 기다리는 사람들은 모두 다들 그러고 있다.

불현듯 TV에서 경기도 이천시를 홍보하는 광고가 나온다. 아버지와 아이가 등장한다. 아버지는 대뜸 '이천의 특산물은 반도체'라고 했다. 헉, 쌀 아니고(이런 효과를 노렸음이 분명하다)? SK하이닉스 반도체 공장이 이천에 있으므로 그렇단다. 반도체는 제4차 산업 혁명의 쌀이라고 이르니, 쌀에서 쌀로 이어지는 은유다. 아무리 그래도 제조업 공장이 지역 특산물이 되는 시대라는 게 흥미로워서 메모장에 적어 뒀다. 대합실 대부분 시민은 별반 신경 쓰지 않았는데 괜히 뒤가 뜨끔했다. 군산역에서 흘러나오기에는 좀 무신경하다는 생각도 했다.

~~~~~~

2019년 2월 SK하이닉스는 반도체 클러스터를 수도권인 경기 용인(이천 본사에서 가깝다)에 짓기로 했다. 반도체 공장 유치를 기대하며 부산 떨던 경북 구미가 낙오했다(《시사 IN》, '구미시는 왜 반도체 클러스터 유치에 실패했나').

금융이나 기획 같은 고급 서비스업이 수도권 중심으로 자리 잡는 동안, 그나마 특정 제조업 공장을 지역 특산물로 소개할 수 있는 곳은 원래 지역 도시들이어야 했다. 저렴한 입지나, 사활을 건 지방 자치 단체의 지원, 국토 균형 발전이라는 명분 같은 게 지역 도시들에 있었다. 일종의 도시별 역할 분담이다. 제조업의 효율(비용 감축, 수출 편의성 등)과 맞아떨어지는 부분이 있었다.

반도체는 조선도 자동차도 신통치 않은 2019년 시점 한국 경제에서 압도적인 비중을 점하는 홀로 잘난 제조업이다. 한국 전체 수출액의 20퍼센트쯤 차지했다. 그런 반도체 공장이 지역 대신 수도권을 택했다. 돌아보면 삼성 반도체 공장도 수원·화성·평택쯤, 그러니까 수도권에 몰려 있다. 이것은 무엇을 의미하는가.

군산에 오기 전 몇몇 전문가와 이야기했다. 제4차

산업 혁명 앞에 고부가 가치 제조업이 더는 값싼 자원 동원(비용 절감)보다 집적의 효율을 누리고 싶어 한다고 했다. 고급 인력은 지역에 가고 싶어 하지 않는다고도 했다. 맞는 말이다.

냉정한 평가와 뒤이은 염려는 (짜기라도 한 듯) 군산의 위기 시점, 세계 전반에서도 펼쳐지고 있다. "비교적 소수의 슈퍼스타 도시, 그리고 그 속의 몇몇 엘리트 지역이 혜택을 보는 대신 다른 많은 지역은 정체되거나 뒤처진다"고 적은 리처드 플로리다의 《도시는 왜 불평등한가》가 한국에서 2018년 출간됐다.

전작에서 리처드 플로리다 스스로 경탄했던(우리 정부도 줄기차게 외쳤던) '창조 산업'의 자연스러운(즉, 별다른 제도적 보완과 장치가 없는) 결과가 이 모양이다. 승자 독식 도시화를 낳고 말았다(물론 일반화할 수 없으나 경향이 그러하다).

서울은 그가 꼽은, 그런 슈퍼스타 도시 가운데 한 곳이다. 8등쯤 된다고 한다. 유쾌한 얘기는 아니다. 슈퍼스타 도시가 있다면 그 도시에 자기 역할을 빼앗기는 도시도 있다.

　　빼앗긴 도시의 역 대합실에, 빼앗은 도시의 광고가
흘러나오고 있다.

~~~~~~

잊힌 덕분에

"요샌 봄이 사라진 것 같아, 봄이." 이쯤 오형균 기사가
등장한다. 머쓱한 표정으로 파란색 등산 점퍼를 걸치며
운전석에 앉았다. 5월, 따갑던 볕이 누그러지니 봄답지
않은 한기가 돌았다. 봄이 사라진 것 같다는 말에 군산의
처지를 담아 중의적인 효과를 노린 것 같다.

　　오 기사는 1963년생이다. 56년 동안 군산에 살았
다. 버스 기사가 된 게 1992년이니 벌써 30년 경력자다.
도시는 많이 변했다. 몇 해 전까지 그 변화는 당연히 도
시의 성장과 동의어였다. 오 기사가 보기에 군산은 "많
이 커지고 성장하긴 했어도 다른 도시들에 견주면 아직

어정쩡한" 정도다.

　"IMF 때보다 더 우울하다" "그래도 주 52시간제로 버스 회사에 인력이 제법 필요해져서 공장 나온 사람들 몇몇은 버스 회사로 들어오기도 했다"고 주변에서 요즘 보고 듣는 것들을 한동안 이야기한다. 필기하며 창밖을 슬쩍슬쩍 내다봤다.

　군산역은 사람이 모인 도심에서 차로 20분 정도 떨어져 있다. "역을 왜 이렇게 외진 데 지었는지 몰라. 여기도 개발이 되겠지만." 군산역과 금강 사이 군산 역세권 택지 개발이 진행돼 아파트를 지으려 한다. 아직 대개 탁 트인 들판이다. 들판을 지나면 막 새 아파트 단지가 들어서고 있는 조촌동이 신기루처럼 나타난다. 갓 지은 롯데몰이 보인다. 대형 쇼핑몰의 상권 독식을 걱정하며 지역 상인들이 서울 기자 회견에 나설 만큼 반대가 거셌는데, 2018년 결국 지어지고 만 모양이다(그 기자 회견을 취재한 기억이 얼핏 났다).

　이어 아직 군산의 중심 상권이라 할 만한 수송동쯤

을 지난다. 여느 신도시와 다르지 않은 풍경이다. 다만 오 기사는 상가 건물들을 짚는다. 임차인을 구하는 펼침막이 꽤 많이 붙어 있다. "여기도 임대, 저기도 임대. 임대, 임대…." 군산 소규모 상가 공실률은 이즈음 25퍼센트 정도다.

신도심을 지나면 구도심 변두리다. 채 정리를 마치지 못하고(혹은, 않고) 장사를 접어 버린 편의점 유리창 안으로 빈 판매대와 쓰레기가 비친다. 중고 가전 판매점과 전파상의 중간쯤 되어 보이는 허름한 가게, 주메뉴가 무엇인지 잘 모르겠는 개성 없는 식당(그런 식당은 거의 먼지 붙은 주렴을 달았다)을 지난다. 보통 1층, 높아야 2층쯤 되는 낡은 건물이 다닥다닥 붙어 저마다 황량함을 내보인다.

황량하다, 외에 적합한 단어를 찾아보려고 고민하고 있는데, 오 기사의 설명이 가빠진다. 이 허름한 풍경이 외려 기운을 북돋운 것 같다.

버스 터미널을 지날 때 건너편 장미 목욕탕을 가리

킨다. 장미 목욕탕은 1980년부터 도시에 있었다. 그때는 시외버스 터미널 옆에 군산역까지 붙어 있었으니 군산 최고 번화가로 불릴 만했다. "군산은 아직 논밭이 많으니까 농사지은 것들을 시장에서 팔고 나면 여기 장미 목욕탕에 와서 목욕하고 가는 거. 그게 여기 어르신들 여가 생활이었죠. 지금도 어르신들은 그때 기억이 있으니까, 여기 와서 목욕하고 그러시죠. 사람 습관이 쉽게 바뀌는 건 아니잖아요."

　낯선 눈에 황량해 보였던(도착하던 날의 감상을 떠올린다) 것들 사이사이 기억을 새겨 놓으니 좀 달라 보이기도 한다. 그러고 보니 농산물을 잔뜩 얹은 붉은 대야부터 버스에 던져 두고 끄응차 양손을 이용해 버스에 오르는 노인이 적잖게 보였다. 과거 아주 오랫동안 시내버스는 동네 택배 비슷한 노릇도 겸했단다. "이거 좀 어디까지 전해 주소, 하고 차에 던져 놓으면 싣고 가다가 받으러 나온 사람한테 전해 주었어요."

너른 금강 하구와 바다가 접한 군산에 항구가 자리 잡은 건 대한 제국 때, 1899년이다. 일제 강점기까지 국내 최고 항구 가운데 하나로 꼽혔다. 당연히 기차역도 일찍 들어섰다. 옛 군산역이 지어진 건 1912년이다. 전북의 풍요한 곡창에서 지어 낸 쌀을 기차로 날라 배로 실어야 했을 것이다. 여느 도시보다 빨리 발전했다. 그런데 정작 해방을 맞고 그저 그런 도시가 됐다.

실적
도시

왜? 추정은 가능하다. 군산을 키운 금강 하구라는 지역적 특성이랄지, 속도 느린 철도는 산업화 과정에서 별다른 자산이 못 됐다. 산업화 시대의 주역은 누가 뭐래도 도로와 자동차다. 울산이나 창원 같은 경부 고속 도로 옆 동남권 도시로 개발의 공간은 옮겨 갔다.

한국에서 산업화는 수출을 중심으로 일궜는데, 오랜 시간 황해가 덜 주목을 받은 것도 이유가 될 것 같다. 군산에서 황해 건너 중국은 적어도 1980년대까지 경제적으로 별 의미 없는 나라였다. 간혹(실은 꽤 자주) "정치적인 이유로 소외됐다"(김삼영, 김관영 전 국회의원 지역 보좌관)고 생각하기도 한다. 그럴지도 모른다. 정치 권력 역시 경제 권력과 함께 동남권과 수도권에 집중돼 있었다.

이런저런 이유로 군산은 1960~1980년대 개발 바람에서 비켜났다. 있는 듯 없는 듯 조용했다. 농업과 어업, 어선 수리업체 정도가 있었다. 지금도 군산 내항(구도심)과 가까운 해망동 일대에는 소형 어선을 수리하는 업체 몇 곳이 남아 있다. "이 동네에서는 대창철강이라는 가게가 유명했는데 말예요. 문을 여는지 모르겠어요." 오 기사가 덧붙였다. 대창철강은 규모를 키워 경기도 시흥 쪽으로 본사를 옮겼다.

물론 제조업이 전혀 없었던 것은 아니다. "한국합판이라는 유명한 합판 공장이 있었어요. 왜 예전에는 합판 사이에 시멘트를 넣어서 건물을 지었잖아요. 그런 합판을 만드는 곳이었지요. 그러다가 건축 기술이 발달해 합판 쓸 일이 사라져서 그 산업은 몰락했고요."(안창호, 군산시 경제항만혁신국장) 이후 한국합판은 군산의 또 다른 오랜 기업인 고려제지를 인수해 신문 용지 사업 등을 벌이다가 1997년 사라진다.

그 밖에 한국유리 공장 등도 비교적 일찍(1980년) 군산에 자리 잡았다. 한국유리는 이후 프랑스의 생고뱅사社와 합작 공장을 차렸다. 여전히 군산에 있다.

몇몇 공장들이 뜨고 지고, 명맥을 이어 가기도 했지만 1990년 이전까지 군산에서 주력으로 자랑한 산업은 뚜렷하지 않다. 당시 군산의 경제 상황을 종합적으로 조망한 자료도 현재로서는 찾아보기 어렵다. 우리나라에서 지역 내 총생산GRDP 집계가 이뤄진 것이 1980년대 후반부터고, 시군 단위의 경제 지표는 1990년대 후반 것부터 공개돼 있다.

1985년 경제권역 단위로 분류한 GRDP만 놓고 보면, 동남권의 국내 경제 비중이 31퍼센트였던 데 견줘 군산이 속한 서남권의 비중은 12.3퍼센트 정도에 그친다.

다만. 부수고 새로 지으며 내달리던 개발 시대를 피해 간 덕에 도시는 과거의 모습을 대체로 간직했다. 100년 전 모습을 간직한 도시 풍경이 오 기사한테도 가장 큰 자랑거리다.

"이성당 알죠? 다른 데도 유명하다는 빵집 많지만 막상 가서 먹어 보면 나는 그냥 그렇던데, 여긴 진짜 맛있어. 이성당이 팥 공장까지 하면서 고용 창출도 많이 하고요. 직원들 해외 연수까지 보내 준다고 하더라고요. 좋은 일자리인거죠."

일본 인구를 바탕으로 발달한 군산의 제과점(이즈모야 등)은 해방 후 이성당에서 명맥을 이었다. 우리나라에서 가장 오래된 빵집으로 부른다.

"자 여기가 군산상고. 야구 명문. 역전의 명수!" 1972년 황금사자기 결승에서 군산상고가 우승했다. 엎치락뒤치락하는 경기 자체가 극적이라 국내 야구 역사에 길이 남는다. 역전의 명수라는 관용어가 탄생했다.

"친구들이 여기 일본식 가옥에 많이 살았었는데, 한

친구네가 집을 헐었고 그 자리가 결국 아파트가 됐어요. 아유 그게 참 아쉬워. 요즘 같은 분위기에 그대로 됐으면 훨씬 좋았을 텐데."

오랜 풍경을 간직한 도시가 주는 어떤 고풍스러움을 군산은 끝내 쥐고 있다. 의기소침해 있던 군산 토박이들은 구도심 근대 유산 얘기를 할 때마다 어깨를 편다. "월명동, 중앙동, 명산동, 심학동, 신풍동… 이게 구도심이에요. 동국사 가 봤어요? 우리나라에 있는 유일한 일본식 사찰이죠. 짬뽕도 좀 드셔 보아야 하고."(김삼영)

대공장이 떠난 뒤에도 풍경은 남았다. 제조업 대공장만큼 도시를 거대한 성장으로 이끌지는 못해도 소소한 관광 자원이 된다. 무엇보다 "내 고향 군산"을 말하는 자부심의 원천이다. "그러니까 오래된 할아버지 같다고 해야 할까요. 뭔가 묵묵하고 그래도 쉽게 포기하지 않고 계속 이어 가려는 그런 느낌이 있어요. 이 도시는."(김성훈, 살맛나는 민생실현연대 대표)

중공과 함께

7번 버스는 어느덧 산업 단지로 향한다. 산단 바로 앞 소룡동 원룸촌에 들어선다. 버스에 내리고 타는 사람도 이제 거의 없다. "자동차 공장도 그랬지만 현대중공업 조선소가 떠난 뒤에 여기서 타는 사람이 확 줄었어요. 본래 이 시간(저녁 7시)쯤이면 열 명은 타고 있어야 해요." 대개 조선소 노동자가 소룡동, 혹은 산업 단지 안 오식도동 주거 단지에 머물렀다. 소룡동은 (2000년대 중반 부동산 광풍의 수혜를 입은) 수송동 일대 아파트 단지에 견줘 저렴하다. 산업 단지와 가깝다. 오로지 일하기 위해 거처를 옮겨 온 이들이 살 만한 데다.

요즘 오 기사와 동료의 대화가 이런 식이다. 어딘가 정류장에서 타고 내리는 사람이 줄기 시작하면, 그를 바탕으로 그 주변 어떤 공장이 문을 닫았는지 추정해 본다. 어느 공장이 본사를 옮겼는지, 심지어 어느 공장이 자동화를 해서 인력을 감축했는지, 어떤 협력 업체가 무너졌는지 하나하나 짚어 가며 말하고 있다.

산업 단지에 들어서면서 고요해진 버스에서 오 기사도 괜히 목소리를 낮춘다. "여기 오식도가 원래 완전 섬이었는데 메워서 산업 단지가 됐는데 말이죠."

～～～～～～～～～～～～～～～～～～～～～～～～～

산업 단지는 크게 군산 국가 산업 단지(682만 8000제곱미터), 군산 제2국가 산업 단지(1335만 6000제곱미터), 새만금 산업 단지(810만 제곱미터, 2021년 5월 매립 완료 기준)로 나뉜다. 여의도 일곱 개가 들어찰 만한 넓이다. 어마어마하다.

'균형 성장'이라는 단어가 1986년쯤(제6차 경제 개발 5개년 계획)부터 나오기 시작했다. 수도권과 동남권으로 무겁게 쏠린 국토를 균형 있게 개발해야 한다는 논리는 자연스러운 것이었다. 군산 국가 산업 단지 개발이 급물살을 탔다. 1988년 착공했다. 본래 섬이었던 오식도와 육지를 메우고 그 위에 공장을 세우는 계획이다.

덧붙여 '서해안 시대'라는 단어가 심심찮게 등장했

다. 그렇다. 중국이 세계 시장에 편입되기 시작한 것이다.

'중공(중국)과의 본격적인 교역에 대비, 이의 전진 기지가 될 것이라는 막연한 기대감에 부풀어 있던 서해안 지역은 작년 말 정부의 구체적인 개발 계획 발표를 계기로 각종 개발 사업이 활발히 추진 중이다.'(《동아일보》, 1988년 2월 5일자)

중국의 부상과 그 덕에 성장한 한국 경제의 지난 30년을 돌아보면 흠잡을 데 없는 계획이다. 국토 균형 발전 논리와 서해안 시대의 접점에 있는 도시로, 군산은 다시 이름 불렸다. 꿈에 부풀었다. 군산 국가 산업 단지는 특히 자동차에 집중했다.

'건설부는 군산 산업 기지에는 2000년대 성장 주도 업종이 될 기계·자동차 및 관련 부품 산업을 유치키로 상공부와 합의했다.'(《매일경제》, 1988년 4월 20일자)

그리고 그 한가운데 대우가 있었다. "대우의 도시가 될 거라고들 했죠. 울산에 현대가 있다면, 군산에는 대우. 그러니까 대우의 공장들을 군산에 결집하려는 큰 계획이 있다는 얘기까지 있었어요."(김삼영)

대우와 정부가 공장 건설 비용 문제를 두고 씨름을 했던 듯도 보이지만, 결국 대우는 군산을 새 자동차 공장 자리로 정했다. 당시 부평이나 창원 대우차 공장이 옮겨 올 계획까지 세운다는 소문이 돌았다는데, 그 정도까지는 안됐다. 대우는 바다를 메워 주고 돈 대신 땅을 받았다. 그 자리에 공장을 지었다. 120만 평 규모다. 군산 국가 산업 단지의 절반을 넘는다.

왜 김우중 당시 대우 회장이 군산을 택했는지는 여러 명에게 물어보고 자료를 찾아봤지만 끝내 명확히 답을 구하지 못했다. "근데 정작 군산 출신 재정경제부 장관이 김우중과 대우를 주저 앉히지 않았냐"는 다소 막연한 안타까움을 드러내는 사람들 정도가 있다. 대우가 무너지기 시작한 1998년 당시 재경부 장관(강봉균)이 군산 출신이었다. 재계 2위, 세계 경영의 선두에 섰던 대우의 몰락을 둘러싼 아쉬움은 사실 지금에야 많이 잊혔다. 다만 군산에는 아직 그런 정서가 다소 남아 있다. '대우의 도시'를 꿈꿨으니 어쩔 수 없는 일이다.

대우 공장 위쪽으로 군산 외항이 지어졌다. 대한 제국 때 구도심에 지은 내항과는 비교도 되지 않는, 세계 수출을 위한, 제대로 갖춰진 항구다. 자동차 전용 항구도 지었다. 차 수만 대가 늘어섰다. 대우 세계 경영의 핵심 지역이었던 동구권을 비롯해 세계 각지로 팔려 나갈 차들이었다.

1996년 대우자동차 공장이 가동을 시작했다. 부평이나 창원 대우차 공장에서 넘어온 노동자도 생겼고, 지역 토박이들도 대우 공장에 취직했다.

김성우도 그 즈음 대우자동차 공장에 취직한 토박이다. 1기 특차생이다. 당시 전북에서는 가장 좋은 공장이던 전주제지(현재 한솔제지) 공장을 다니다가 철없이 관두고 다른 일을 좀 하다가 대우자동차 공장으로 넘어왔다. "고향에 있는 공장이기도 하고 자동차에 관심도 많았으니까.

잘한 선택이라고 생각하면서 살아 왔어."

지금이야 쉰 가까운 나이이지만, 당시 그의 나이 스물대여섯이다. 대우자동차 공장은 나고 자란 도시에 머물며 다닐 수 있는 훌륭한 청년 일자리다. "대우 다닌다 그러면 그냥 1등 신랑감이었지. 지금으로 치면 공기업 같은 데가 그 정도 대접받을 거야 아마." 한철수, 박철민 같은 그의 상사들은 부평 대우차 공장에서 군산 공장으로 넘어왔다. "아무래도 군산 쪽이 새로 지은 공장이고 그만큼 발전 가능성도 커 보였다"고 두 사람은 말했다.

산단을 남북으로 가르는 왕복 5차선 도로인 자유로 아래쪽에는 대우차의 협력 업체가 자리잡았다. 협력 업체 창원금속공업은 대우차 공장이 가동하기 직전인 1995년 말 군산에 공장을 세웠다. 모기업인 주식회사 창원은 원래도 부평에서 대우차에 부품을 납품했으니 대공장을 따라오는 게 당연했다. 자동차 펜더 따위를 만들어 납품했다.

국가 산업 단지가 생겨난 이후에도 바다를 메워 공장 부지를 짓는 일은 멎지 않았다. 오식도부터 비응도까

지를 메운 군산 제2국가 산업 단지가 만들어진 건 2000
년대다. 군산 제2국가 산업 단지 대표 기업이 현대중공업
군산 조선소다. 전국 현대중공업 조선소의 막내다. 이번에
는 조선소를 따라 선박 블록, 기자재 업체들이 따라왔다.

그 밑으로 새만금 산업 단지를 2010년대부터 조성
했다. 여전히 땅을 메운다. 도시는 말 그대로 물리적으로
넓어지고 있다.

~~~~~~

산업 단지에서 기껏해야 한두 명 정도를 태우고 내
린 버스는 해가 떨어진 비응항에 도착했다. 종점보다 한
정류장 앞서 차가 섰다. "원래는 저 끝까지 가야 하는데,
어차피 사람이 없으니까. 일단 여기 주차장에 차를 대 놓
고 화장실을 한 번 갔다 와요."

오 기사가 화장실에 다녀오는 동안 담배를 물었다.
평일 저녁 비응항에는 사람이 없다. 항구는 제법 깔끔하

게 정비돼 있다. 주말 배낚시꾼 정도가 비응항을 찾는다. 군산의 다른 많은 부분처럼 아직 자리를 덜 잡았다.

"예전에 선유도 가려고 여기 배 타고 나와서 보면 수면 위로 미군 비행기가 올라왔어요. 그거 보는 게 어찌나 신기한지. 마징가 제트가 올라오는 것 같았다니까." 어느새 돌아와 오 기사는 소년 시절을 추억한다.

잊히고 고요했던 작은 도시에 하나둘 특유의 압도적인 스펙터클을 뽐내는 제조업 공장이 들어올 때도 오 기사는 저런 표정으로 설렜을 것이다. 마징가 제트 같구나, 하면서.

배도 별반 보이지 않는 항구에 그래도 비린내가 좀 났다. 바닷바람이 상쾌하고 쌀쌀하다.

떠벌리다, 아차

오 기사를 만난 후에도 군산 7번 버스를 타고 산단과 도심을 오가곤 했다. 길고 비효율적인 노선은 띄엄띄엄한 약속과 약속 사이를 메우기 맞춤했다. 나른한 오후 시간

일 경우가 많았는데 꾸벅꾸벅 졸다가도 산업 단지에 들어설 때면 애써 정신을 바짝 차렸다.

싸악. 거대한 수조에서 물이 내린다. 쨍강대는 쇳소리가 악쓰듯 울리고, 사료 공장에서 피어나는 꾸덕꾸덕한 냄새는 온 동네에 묻어 있다. 산단 질서의 정점에 있던 한국지엠 군산 공장과 현대중공업 군산 조선소가 떠났다. 그래도 아직 산단에는 OCI, 세아, 한글래스, 카길 같은 중간 규모의 공장들이 남아 있다. 골목에 있는 작은 금형 공장 정도가 살면서 본 공장의 전부였던 나한테 '제조업 강국 대한민국' 같은 문구는 늘 거짓말 같고 아스라했다. 산단 모습을 보고 있자면 "아, 이런 게 바로 그 제조업인가 보구나" 싶었다.

공장이 품은 설비와 자재의 부피, 소리, 냄새가 하나같이 거대해서 그 안에 선 사람은 한없이 작아 보였다. 점처럼 작은 사람들이 공장 마당에서 이상한 자세를 취해 보인다. 그러다 웃는다. 여전히 누군가 여기서 일한다.

지방 도시 끝자락 바다와 면한 땅이 '생산의 공간'으

로 낙점됐다. 냄새와 소리와 풍경 속에서 나름의 질서를
세우고 세계로 뻗어 나갈 제조업 도시를 꿈꿨다. 차를 만
들고, 배를 지었다. 서울 사람들 삶을 둘러친 숱한 사물
을 만들고, 세계로 팔며 한국 경제를 받쳤다. 그런 생각
을 하면 가슴이 웅장해졌다.

"와, 이건 무슨 영화 같은 스펙터클인 거에요." 한국
지엠 군산 공장 실직자들을 만나고 신이 나서 7번 버스
를 타고 본 산단의 풍경을 재잘댔다. 그 스펙터클 안에서
20년 넘는 시간을 보낸 이들은 귀엽다는 듯 웃고 말았다.
별다른 말을 얹지 않고 이내 침묵했다.

도시 풋내기 눈에 영화 같은 스펙터클로만 비친 그
공간 안에서 겪은 일들을 떠올렸을 것이다. 미안하고, 억
울하고, 후회스러운 마음이 시시각각 교차해, 철없는 감
탄 앞에서 그저 침묵하는 편이 나았을 것이다.

아차, 싶었다.

2장

운명들
정규직과 비정규직

'공간의 운명과 사람의 운명이 얽혀 있다' 같은 문장은 그럴듯한 일반론이지만, 두루 통용돼 세부를 놓치고 마는 일반론의 한계도 고스란히 담고 있다. 공간의 운명에 '어떤' 사람은 더 쉽게 흔들린다. 더 쉽게 무너지며, 더 쉽게 돌아오고, 다시 더 쉽게 흔들린다. 더 쉽게 무너진다.

강민우는 쉽게 흔들리고, 떠나고, 돌아온 사람인데 그렇다고 자기가 무너지고 외면당한 도시를 저주하지 않는다. 웬만한 군산 사람들보다 '객관적으로' 상황을 받아들였다. 비판은 하되 분노는 드러내지 않는다. 마치 다른 먼 곳에서 제3자 소식을 전하듯 자기 얘기를 하고 있다. 강민우는 한국지엠에서 비정규직 노동자로 일하다 비정규직 노동자로 실직했다.

2018년 실직이 처음이 아니라는 사실은 만나고서 알았다(무작정 만났다는 얘기다). 군산이 제조업 생산 기지로 자리 잡은 1990년대부터 2000년대 초반은 그를 주인공으로 두고 읽어야 한다고, 만나고서야 생각했다.

비정규직 1세대

마흔다섯 강민우가 바다와 면한 군산 산업 단지, 역동적인 현장의 한 자리를 차지하고 차 만드는 사람이 되고 싶다고 생각한 건 스물세 살 때다. 대우차 공장 노동자가 되기로 했다. 당시 군산 젊은이라면 대개 그랬으니 별스럽지 않다. 그리 아득한 길로 보이지도 않았다. 나름의 정해진 절차를 따르기만 하면 될 것 같았다.

1997년 강민우는 군산 대우자동차 직업 기술 훈련원에 들어갔다. '직업 기술 훈련원에 들어가 교육받고, 해외 연수를 다녀오고, 공장의 노동자가 된다'는 자동차 공장으로 향하는 당연한 경로가 있었다. 시작은 나쁘지 않았다.

그 시작은, 지금 보면 무척 신기하게 느껴질 따름이다. 기업이 노동자를 키워 내고 일자리까지 마련해 준다니! 공장 옆에는 으레 사원 아파트 같은 것도 지었다. 집까지 마련해 준다니, 우아! 이를테면 1980년대생이 겪은 2000년대의 세상과 너무 다르다. 직업 훈련은 학원이든 학교든 자력으로 해결하는 게 당연했다. 복지는 국가의 역할이다. 다만 삶 전반을 채우기에는 늘 역부족이므로, 자력이 기본이다. 그러므로 기업은? 임금만 주면 된다. 이런 상식의 역사는 짧고, 그 탓에 고작 나보다 열댓 살 정도 많은 강민우가 그 순간 갑자기 어른으로 느껴졌다.

직업 기술 훈련원은 심지어 해외 연수 프로그램도 갖췄다. 일단 한국에서 교육을 받고 일본 스즈키 자동차 등에 가서 연수생으로 몇 달 일하고 돌아오면 대우차 공장에 정식으로 취업하는 식이다. 일본 스즈키와 대우가 티코를 함께 개발한 인연으로 만들어진 취업 통로라고 했다("지금 생각해 보면 저임금 인력 수출 비슷한 것이었죠"라고 강민우는 덧붙였다).

이 시점까지, (그를 만난 이유이자 정체성인) 비정규직은 중요한 단어가 아니다. 사실 강민우는 존재하는지도 모른 단어다.

~~~~~~

한국에서 비정규직은 1996년 12월, 노동관계법이 통과되며 저변을 크게 넓힌다. 노동자 쪽은 물론 격렬하게 저항했다. 그 투쟁은 한국 노동조합 역사에 빠질 수 없는 기억이다. 다만 법 하나가 수백만 노동자의 피부에 닿는 변화로 곧장 이어지리라고 생각하기는 쉽지 않았다. 노동관계야 어쨌든 사람 사이의 일이다. 사람의 일은 법보다 관행이나 관성에 더 크게 좌우된다.

제조업 노동은 최소한 1980년대 후반 이후 10년 정도 비교적 균질한 노동자 지위, 그를 바탕으로 한 강력한 연대, 그를 바탕으로 한 나날이 좋아지는 처우를 경험하고 있었다.

1년 뒤인 1997년 말 IMF 외환 위기를 맞았다. 이전의 관행? 그 무엇이었든 뒤엎어 버릴 만큼 강렬한 충격이다. 위기는 많은 것에 새로운 정당성을 부여한다. 세상이 뒤집혔으니 새로운 표준이 필요하다. 이미 세계 모든 나라가 '이 표준'을 따르고 있다.

그러므로, 비정규직은 걷잡을 수 없이 노동의 표준으로 번져 갔다. 이제 노동자와 기업의 관계는 오로지, 지금 당장 하고 있는 '일'과 그에 대한 '대가'라는 계약 관계로만 엮였다. 그나마 온정적인 시야에서도 복지랄지 노동자 교육이랄지 훈련 같은 것은 정부가 복지 제도 확대를 통해 메워야 할 영역으로 여겼다. 복지 제도를 확충했으나, 물론 역부족이다.

마치 예상한 듯 맞물린 제도와 확산의 계기가 절묘하다.

모든 약속은 무너졌다. '직업 기술 훈련원 → 공장 노동자'라는 입직 경로는 사라졌다. 공장에 잠시 남기는 했다. 협력 업체에서 파견된 비정규직 형태라고 했다. 받아들였다.

그렇게 강민우는 비정규직 1세대가 되었다.

다만 잠시 일하다가 공장을 떠나기로 했다. "비전이 보이지 않았다." 이후 공장의 행로는 알려진 대로다. 1999년 대우그룹이 해체됐다. 2000년 대우차는 최종 부도 처리됐다.

'보이지 않는 비전'은 공장 자체의 몰락 때문만은 아니다. 강민우 자신의 처지 때문이기도 했다. 그나마 정규직 노동자는 새로운 주인을 기다리며 공장에서 버틸 수 있었다. 강민우는 일감이 사라지면 임금도 줄었다.

공장을 떠나며 강민우는 군산도 떠났다. 여러 도시를 돌았다. 컨테이너로 된 가건물 짓는 일을 해 봤다. 택시 회사에 들어가 봤다고도 했다.

"아 운전을 하셨군요?"

"운전도 했지요. 그러다가 사고 처리를 했어요. 택시 사고가 나면 보험 처리를 하거나 하는." 어떻게든, 자동차와 연결된 일이기는 했다.

~~~~~~

군산시에서 자동차 및 트레일러 제조업에 종사하는 노동자 수는 2000년 4325명에서 2001년 2768명으로 줄어든 것으로 기록돼 있다(전라북도 기본 통계를 참조했으나 엄밀하지 않다. 2000년과 2001년 사이 업종 분류 기준이 변경되는 등 시계열 단절이 있다). 강민우도 줄어든 한 사람이었을 것이다.

강민우가 군산을 떠나 별별 일을 전전하는 동안 군산 안팎 대우차에 의존한 공간 곳곳이 흔들렸다. 공장 본사 바깥 협력 업체 또한 극도의 고통을 견뎠다.

1996년 대우차를 따라서 군산에 자리 잡은 협력 업체 창원금속공업의 당시 풍경을 이정권 이사가 대표의 말을 들어 전한다("대표는 부끄러움을 타는 성격이라, 대신 전한다"

고 양해를 구했다). 그 시절 공장은 1주일에 나흘은 기계를 돌리지 못했다. 직원들은 투잡을 뛰어야 했다. "그때까지 상무로 있던 지금 대표님이 막 대표가 되셨어요. 빚더미인 회사를 받기는 했는데 어떻게 살려야 하나, 막막했다고요. 무엇보다 제일 힘든 건 직원 보는 일이었다는데요. 일감이 없어서 공사장에 나가겠다고, 인력 사무소 다녀왔다는 직원들 모습 보는 게 그렇게 가슴 아프셨다고."(이정권, 창원금속공업 이사)

당시 '투잡'은 일반적이었던 듯하다. 한국지엠의 또 다른 비정규직 노동자에게도 비슷한 얘기를 들었다. 그는 "공장에 남기는 했지만 임금 자체를 거의 받지 못해서 공사장을 다녔다"고 했다.

투잡을 찾는 행위는 그 사이 변한 노동의 풍경을 또 다른 방식으로 드러낸다. 전통적인 해결 방식, 즉 조직화한 노동자가 회사의 책임을 묻고 강력하게 항의하는 일은 비정규직이나 협력 업체 노동자의 선택지가 될 수 없다. 비정규직은 (그때만 해도) 자신들에게 '항의'라는 행위가 허락돼 있다고 생각할 수 없었다. 협력 업체 노동자한테는 회사 대표의 어찌할 수 없는 고통이 빤히 보였다.

당시 군산 대우차 공장을 둘러싼 고통이 최소한 비정규직이나 협력 업체에 한정된 것이었다면, 부평 대우차 공장은 이 시기 너나 가릴 것 없이 쑥대밭이 됐다. 부평 공장은 2001년 2월 1750명을 정리 해고했다. 한국 사회에서 정리 해고가 허용된 이후 가장 큰 규모로 벌어진 해고다.

'저항은 격렬했다'고 당시 기사들은 적고 있다. 공장을 점거했다. 두 달 가까이 농성을 벌였다. 공권력이 투입됐다. 공장은 세상과 단절됐다. 점거한 노동자와 바깥 세상은 차단됐다. 노조 조합원과 가족이 공장을 자유롭게 오갈 수 있도록 해 달라고 했다. 허락하지 않았다. 경찰은 진압 '작전'에 나섰다. '작전'이 맞다. 점거 해산 과정에서 노동자의 코뼈, 갈비뼈, 다리뼈 따위가 부러졌다.

대우차 군산 공장 정규직 노동자들 분위기는 상대적으로 잠잠했다. 뒤숭숭하기는 했지만 누구도 자기가 이 난리 속에 밀려날 거라고 생각하진 않았다. 그때 군산 대우차 공장 정규직이던 박철수는 동료들과 이런 얘기를 했다고 한다. "좀 낡은 부평 공장은 위험해 보였지만 군산은 워낙 신식 공장이었으니까 누구라도 인수해 갈 거라고들 했어. 부평 쪽 노동조합에서 고통을 분담해야 한다는 의견이 나오긴 했는데. 우리가 적극적으로 연대하고 했던 것 같지는 않아. 우리는 어차피 살아남을 거라고 생각했으니까. 그쪽 공장 사람들 일이라고 생각했으니까."

자리에 따라, 각자 다른 크기의 고통을 짊어졌다.

같은 자리 다른 노동자

예감대로 공장의 새 주인 이야기가 군산에 돌기 시작했다. 기대가 많았는데, 약간의 의구심도 섞였다. 그때 대우차 공장 노조 위원장을 맡고 있던 강동완 군산시의원은 의혹을 품은 쪽이다. "사실 우리 입장에서는 국내 기업이면 가장 좋지만, 그게 안 된다면 포드가 좋다고 생각을 했었어요. 포드 얘기도 나왔었거든요. 지엠은 뭔가… 걸렸어요. 기억이 좋지 않았으니까."

<hr />

안 좋은 기억이 있었다. 1992년까지 대우자동차는 지엠과 대우그룹의 합작사였다. "합작사 때 기술 전수도 제대로 안 해 주고 이익만 빼 나간다는 인식이 우리 사이에서도 강했던 거죠."(강동완)

자동차 전문가인 김현철 군산대학교 교수는 조금 다른 면에서 지엠의 공장 인수를 걱정했다고 한다. "무엇보다 의사 결정을 하는 기구가 없이 공장만 달랑 한국에 있는 형태인 것이 걱정스러웠어요. 말 그대로 생산 기지가 되는 것이죠. 생산 기지라는 건 생산 원가만 따지게 되죠. 언제든 어려워지면 공장을 접을 수 있겠다는 이야기를 그

때도 했어요."

그렇다고 별다른 대안이 있는 것도 아니었다. 일단 도시와 공장은 살리고 봐야 했다. 언저리에서 버티는 사람들을 위해서라도 그럴 필요가 있었다.

2002년 지엠이 새로운 공장 주인이 됐다. 다만 공장은 쪼개어졌다. 승용차 공장만 지엠으로 팔렸다. 상용차 공장은 또 얼마간 주인을 기다렸다.

다시, 이번에는 정규직 노동자들이 나뉘었다. 그때 상용차 공장에서 일했던 최재춘 민주노총 군산지부장은 팔려 가는 승용차 공장을 마냥 부러워했다. "승용차만 필요하지 상용차는 필요 없다고 그러니까. 팔려 가는 승용차 공장이 얼마나 부러웠던지. 우리는 그때 아무 것도 없으니까."

1년 뒤 상용차 공장도 인도 타타그룹에 팔렸다. 타타대우상용차로 이름을 바꿔 달았다. 글로벌 대기업 지엠에 견주면 어딘지 미약해 보이는 회사였다. 다만 운영 방식에서 지엠 공장과 좀 달랐다.

타타대우상용차 군산 공장에는 나름대로 기업 경영과 노동자 처우를 스스로 정할 수 있는 자율성이 부여됐다. 헤드쿼터의 영향력이 적어서 가능한 일이었다. 공장의 자율성이 얼마나 큰 의미인지, 그때 많은 이들은 알지 못했다.

~~~~~~

강민우는 2003년 다시 군산에 돌아왔다. 집념이 사뭇 대단하다. 많은 이들이 그랬다. 군산을 삶의 공간으로 접한 이들은 쉽게 떠나지 못하고, 떠났다가도 돌아왔다. 일터는 이제 한국지엠 군산 공장이 되어 있다. 돌아올 기회를 지치지 않고 엿보았다. 2003년 군산시 자동차 관련 노동자(자동차 및 트레일러 제조업)는 18.6퍼센트 늘었고 이듬해에는 무려 85.1퍼센트 증가한다.

증가한 이들은 누구였는가. 강민우였다. 소속 업체 이름표를 가슴에 단 '한국지엠 비정규직 사내 하청 노동자'로 공장에 다시 들어온 이들이다.

한국지엠 군산 공장의 채용 방식은 달라져 있다. 교육받고 곧장 정규직이 되는 일은 사실상 없다(이제부터 내가 아는 취업이다). 일단 비정규직을 뽑았다. 협력 업체에 소속된 사내 비정규직으로 일하다가, '발탁 채용' 형태로 정규직이 되는 통로 정도가 그나마 열려 있었다.

그래도 기대를 품고 많은 노동자가 지엠 공장에 비정규직으로 첫발을 내디뎠다. 서로 다른 업체 명찰을 달고 한 공장에서 일했다. 막 돌아온 2003년, 공장에는 아직 일감이 많지 않았다. "한 달 월급이 50만 원도 채 되지 않는 때도 있었다"고 강민우는 기억한다. 딱히 우리 회사 사람으로 대우해 주는 것도 아니고, 충분한 임금을 주는 것도 아닌 회사에 비정규직은 별다른 애착을 느끼지 못했다. 많은 사람이 실망하고, 혹은 못 버티고 다시 떠났다.

2003년 입사한 강민우는 그래도 참고 머물길 선택한 쪽이다. 좋아질 날만 기다렸고, 정말 좋아지기 시작했다. 30만 대를 최대치로 보는 한국지엠 군산 공장 자동차 생산량은 2006년 24만 2000대, 2007년 25만 8000대까지 늘어났다.

공장의 생산이 늘어나는 동안 누군가는 정말로 정규직이 될 기회를 얻었다. 누군가는 그대로 비정규직에 머물렀다. 기준은 불확실했다. 공장의 성과는 뚜렷한 기준 없이 노동자에게 배분됐다.

지게차를 몰던 비정규직 고현창은 2005년 정규직이 됐다. 강민우처럼 2003년 비정규직으로 공장에 들어와 주말이든 야근이든 가리지 않고 "정말 열심히 일했고, 그래서 이룬 결과"다.

정규직이 되기 위해 서류를 넣고, 면접을 치르고, 신체검사를 받았다. 정규직 입사 통지를 받던 날, 둘째를 배 속에 품고 있던 아내가 울었다. 그와 함께 지게차를 몰던 동료들 가운데 많은 수가 정규직이 됐다. 그렇지 못한 이들도 있었다. "정규직이 못 된 동료들을 만나면 조금 어색하기는 했어요. 그래도 최대한 티 안 내려고 했어요. 변했다는 말 듣기는 정말 싫었거든요."

고현창은 정규직이 되고 차체 라인으로 자리를 새로 배정받았다. 지게차를 모는 비정규직 동료들과 계속 마주쳐야 하는 자리라 어색하기는 했다.

정규직이 되지 못한 강민우는 여전히 정규직과 비정규직을 가른 기준을 이해하지 못한다. 그도 정말 열심히 일했다. 일을 잘해서 리더, 조장, 반장 같은 직책을 두루 돌았다. 생산 라인을 떠나 사무실에 올라가서 일 전반을 살필 기회까지 얻었다. 하지만 끝내 정규직만은 못 됐다.

강민우는 어느 순간 공장의 분위기가 변했다고 느꼈다. 처음에는 정규직과 비정규직 사이 분위기가 나쁘지 않았다. 어차피 다 "형, 동생" 하고 지내는 사이였다.

점점 정규직 전환자가 늘고, 공장 안의 위계가 엄격해졌다. 강민우는 "사람들이 어딘지 이기적이 되어 가는 것 같은" 분위기를 느꼈다고 '조심스럽게' 말한다. 싫어도 싫다고 입 뗄 수 없는 비정규직 쪽으로 궂은일이 몰렸다.

같은 불만을 품고 있다가 정규직이 된 이들은 그가

보기에 "억눌렸던 마음이 있어선지 더 적극적으로 정규직 지위에 기대어 관리자의 지시를 잘 따르지 않는 모습을 보일 때도 있었다." 분위기가 서먹하니 마음 맞는 몇몇이 아니면 별달리 어울릴 기회도 사라졌다.

정규직이 되었으나 변하지 않으려 애썼다는 고현창과 서운한 마음이 들었다는 강민우의 말은 둘 다 진실일 수 있다. 각자 어떤 직장(조)에 속해 있는지, 누구와 함께 일했는지, 개인 성향은 어떠했는지에 따라 느꼈던 분위기는 달랐을 것이다. 정규직과 비정규직이라는 격차는 어쩔 수 없더라도 그게 자아내는 분위기 또한, 결국 사람 사이 일이기는 했다.

다만 그것을 미안하게 느꼈든 억울하게 느꼈든, 정규직과 비정규직 사이가 서먹하게 갈린 것만은 분명해 보인다. 임금이 적은 것은 물론, 비정규직의 업무 강도가 더 높았다는 점은 대부분 정규직 노동자들도 수긍했다.

"개인적으로는 인간적으로 대해 주려고 했어. 그런데 정규직 직원들이 주말 근무나 청소 같은 걸 하기 싫다고 하면 나로서도 어쩔 수 없었어. 비정규직 반장님한테 이야기하면 바로 나올 사람이 생기고 해결이 되니까." 한국지엠 공장에서 관리자로 일했던 김성우는 '그럴 수밖에 없었던 상황'을 미안해한다.

그러거나 말거나. 강민우는 그냥 묵묵히 일했다. 해고도 겪었는데 이쯤이야. 받아들이는 일에 익숙했다. "아내랑 맞벌이하고 있으니까, 정규직보다 훨씬 적어도 이 정도 임금이면 괜찮다"고 생각했다. 정규직처럼 든든한 노동조합을 가지지 못한 것도 그러려니 했고, 정규직을 맹목적으로 싫어하지도 않았다. "귀족 노조 귀족 노조 하는데요. 정규직 노조가 임금을 올려야, 우리 같은 비정규직도 그나마 조금은 임금을 올려 달라고 할 수 있잖아요. 정규직 노조 자체를 싫어하지는 않았어요."

같은 시간, 본사의 입김에서 상대적으로 자유로운 타타대우상용차 공장에서는 변화가 나타나고 있었다. 2003년부터 정규직 노동조합이 자신들의 임금을 동결하거나 인상률을 제한했다. 대신 비정규직을 정규직으로 전환할 것을 요구했다. 그리고 조금씩 정규직 전환이 이뤄졌다.

'타타대우상용차와 전국금속노동조합 타타대우상용차지회(타타지회)는 2003년부터 비정규직의 정규직 전환에 합의했고, 11년간 455명을 정규직으로 전환시켰다.'(《한겨레》, 2014년 4월 30일자)

"스스로 의사 결정을 할 수 있는 공장이었고, 그래서 노동자의 의견이 좀 더 반영될 수 있었다는 점이 이룬 결과"라고 김현철 군산대학교 교수는 평가했다.

세계를 향한 질서

어느덧 '대우의 도시'를 꿈꿨던 도시는 '지엠의 도시'가 돼 있다. 대우차가 한국지엠으로 변하는 과정에서 부서지고 새로 지은 질서의 모습은, IMF 이후 한국 경제의 큰 흐름과 무관하지 않다.

군산에서 황해 건너 코앞인 중국은 무럭무럭 성장하고 있었다. 중국의 수출액(상품 및 서비스)은 1990년 490억 달러에서 2010년 1조 7000억 달러까지 서른 배 넘게 불어난다. 세계의 소비자인 미국·유럽과 세계의 생산자인 중국을 중심으로 돌아가는 세계 경제의 모습이 갖춰졌다.

한국은 그사이 어디쯤, 중간재 생산 국가로 운 좋게 자리 잡았다. 세계 생산에 강하게 얽혔고 구조적인 무역 흑자국으로 불렸다. 세계 경기가 좋으면 수출이 늘어서, 세계 경기가 좋지 않으면 생산에 필요한 자재 수입이 줄어서 늘 경상 수지는 흑자였다. 쉽게 휩쓸리고 변동성이 늘었지만, 아무튼 흑자였다. 국가 경제 전체로 보면 성공적인 2000년대를 났다고 자부할 만하다. 1990년대 꿈꿨던 모습이다. 생산과 소비의 무대가 세계화되었다.

　다만 본사와 공장의 거리는 더욱 멀어졌다. 계획하는 본사와 물건 짓는 공장의 거리는 아득하다. 군산 입장에서야 '지엠의 도시'가 됐지만 지엠 입장에서 군산은 전 세계 수많은 생산 공장 가운데 하나일 뿐이다.

　글로벌 기업의 숱한 생산 기지 가운데 한 곳인 한국 중소 도시의 삶과 노동자의 생계는 계획하는 곳에서는 '비용'으로 읽힐 것이다. 일하는 사람들 한 명 한 명의 얼굴, 공장과 도시의 관계를 미국 디트로이트에 있는 지엠 이사회가 떠올리기는 쉽지 않다. 비용 대비 효율을 기준으로 공장의 생과 사, 노동 조건, 삶의 지평이 갈린다. 엄혹하다. 그 안에서 벌어질 미묘한 갈등이나 소외감 같은 것은 그다지 중요하게 생각되지 않았다.

　이런 질서를 짜고 그 안에서 군산 역시 무럭무럭 성장한 것을 부정할 수 없다. 대개 형편이 나아졌다. 누군가는 그 성장만큼, 누군가는 그 성장보다 못하게 나아졌다. 물론 위기의 순간도 있었다. 그럴 때면 도시가 처한 위기만큼만 아찔했던 사람도 있고, 도시의 위기보다 더 크게 무너진 사람도 있다. 도시의 운명과 사람의 운명은 얽혔다. 다만 서로 달리 얽혔다.

그렇게 되었다.

실
적
도
시

3장

찬란

세계 도시를 꿈꾸다

당신은 어느 저녁 군산의 외진 시내버스 정류장에 서 있다. 한산한 차도를 바라보다가 문득 뒤돌아 고개를 들면 '50만 국제 관광 기업 도시 군산 건설'이라는 문장을 발견할 수 있을지도 모르겠다.

국제적으로, 관광도 하고, 기업도 유치하고, 인구는 무려 두 배 늘려 보겠다는 야심이 노골적이라 흥미롭다. 게다가 그런 것을 무려 '건설'한다! 문장을 만들고 새긴 건 2008년이다. 글자 위에는 대개 덕지덕지 먼지가 끼어 있다.

2008년. 군산항이 개항한 지 109년이 되었다. 그 시절 군산을 적은 기록을 찾는 일은 설렜다. 1980년대 말 도쿄랄지, 1960년대 미국 교외 영상 같은 걸 찾아보는 것(그냥 멍하니 그러고 있다)과 비슷한 기분이다. 정신없고 뜨거운 시절, 과장된 낙관과 열망, 느긋한 만족감 같은 것들은 우스꽝스럽기도, 두근대기도, 또 어느 지점에 이르러서는 서글프기도 하다.

하늘엔 애드벌룬

그런 시절, 50만 도시를 염원했고, 정말 가능할 것만 같았던 때, 평범한 공무원 백일성은 몇 번쯤 신문 기사에 이름이 오르내린 사람이다.

'군산시청 백일성 씨…군산 경제지도를 바꾼 7급 공무원'(《한국경제》, 2008년 5월 1일자)

'새 정부 첫 옥조근정훈장 받은 군산시청 백일성씨'(《전북일보》, 2008년 5월 1일자)

"그것 참 가슴 쓰린 얘기죠." 수화기 넘어 들리는 목소리는 생각보다 단정했다. "시청으로 오시면 설명은 해볼게요. 무슨 말을 할 수 있을지 모르겠지만."

백일성은 모든 게 큼직해 보이는 사내다. 몸피가 크고 눈, 코, 입 모두 시원스럽다. 거칠고 강해 보이지만 목소리는 치밀하다. 웃을 때 큰 코가 조금 들린다. 큰 체격은 무엇이든 될 때까지 내달리는 고집스러운 성격 그대로다. 백일성은 1991년 고향인 전북 정읍에서 군산으로 건너왔다. 군산에서 동사무소 직원부터 공무원 생활을 시작했다. 돌아보면 30년 가까운 시간을 군산에서 지냈다. 아이들을 군산에서 낳고, 학교 보내고, 키웠다. 워낙 토박이가 많은 도시라 별로 내세울 거리는 못 된다.

산업 단지에 유치할 기업을 찾아 전국을 쏘다니던 2000년대 중반은, 짚어 가며 떠올리자니 역시 어딘지 함께 뜨거워진다. 한 사람의 가장 빛나는 시절이기도, 도시의 가장 뜨거운 시기이기도 하다.

물론 그는 그 시절을 흘러간 옛 시절이라고 생각하

3 — 찬란: 세계 도시를 꿈꾸다

지는 않는다. 다시 도시에 기회가 올 거라고 믿는다. 반
성하고 나아질 수 있다고 생각한다. 그런 사람이다, 백일
성은.

2008년 5월 7일 백일성은 땡볕이 내리쬐는 군산 산
업 단지 서쪽 끝에 앉아 있다. 조선소가 들어설 땅이다.
시민 2000명이 모였다.

'경 현대중공업 군산 조선소 기공식 축.'

무대에는 오로지 이날이 어떤 날인지를 알리는 데
만 집중한 고딕체 글씨가 선명했다. 흰색, 파란색, 빨간
색을 번갈아 섞은 촌스러운 애드벌룬이 날았다. 사람들
은 그늘 하나 없는 벌판에 (역시 촌스러운) 꽃무늬 양산을
쓰거나 파란색 종이 모자를 쓰고 앉아 있다.

백일성은 기공식 행사 앞줄에 초대됐다. 이명박 대
통령과 나란한 자리다. "7급 공무원이 이렇게 부각되는
것은 이례적인 일"이라고들 주변에서 말했다. 그의 옆
에는 협력 업체 노동자가 앉았다. 청와대는 이런 모습을
'실용'이라고 불렀다. 의전 따위 아무래도 괜찮은, 소탈

한 모습을 자랑하고 싶었던 것 같다.

> '(이날 참석자 가운데는) 군산시청 7급 공무원과 현대중공업 협력 업체의 근로자도 포함되어 이명박 대통령과 나란히 참석함으로써 실용 정부의 달라진 기공식 행사의 면모를 확인할 수 있었다.'(청와대 보도자료, 2008년 5월 7일자)

기업의 안거를 위한 도시의 전전긍긍이랄지 이후 조선소가 사실상 협력 업체 직원으로 채워졌다는 사실을 감안하면 실용 덕에 자리에 앉은 그들이 결국 주인공인 건 맞다.

백일성의 공로라면 현대중공업 조선소의 군산 유치를 물밑에서 주도한 것이다. 백일성이 조선소 유치에 매달리기 시작한 건 2006년부터다. 한국 기업이 세계 최고 조선업체 순위를 차지하던 때다. 바다를 끼고도 그런 조선업 호황을 바라보기만 해야 하는 군산 처지가 답답했다.

답답하대도 어쩔 수 없다. 군산에는 아직 바다뿐이다. 작은 조선 수리업체 일고여덟 개 정도만 있다. 조선소는 바다만 보고 지을 수 없다. 교통이나 전력 같은 기본 인프라는 물론, 노동자가 머물 주거 공간, 상업과 금융 시설, 노동자를 교육하고 공급할 교육 기관에 이르기까지 '기반'과 '혜택'을 조선업체들은 요구했다. 그 기반과 혜택은 도시 입장에서도 큰 변화를 예고했다. 새로운 시설이 들어올 것이고 시설을 딛고 도시의 풍경과 삶 전반이 변할 것이다. 이를테면 대한민국 대표 제조업, 조선업의 수준에 맞는 도시가 될 것이다.

백일성은 눈치 보며 중앙 정부나 공공 기관 자료를 받아다가 업체로 날랐다. 밤새워 필요한 인프라를 검토했다. 적잖게 실패했다. 입주를 간 보던 업체들이 각자 사정을 대며 발을 뺄 때가 많았다. 노력은 물거품이 됐다. 그때마다 오기가 생겼다. '안 돼? 두고 봐.' 속으로 되뇌었다. 또다시 기업을 찾아 나섰다.

현대중공업이 구세주처럼 나타났다. 시청에 찾아오

기 전에 미리 조선소가 들어설 만한 땅을 살폈다고 했다. 대기업은 "역시 준비성부터 달랐다." 당시 현대중공업 회장이 군산 출신이기도 했다. 백일성과 동료들은 조선소가 들어서야 할 땅을 차지하고 있던 기업과 협상을 중재해 현대중공업에 땅을 넘겼다. 보조금 200억 원을 시와 도가 나눠 지원했다. 도로와 주차장을 새로 지었다.

이것만으로 충분치 않다. 백일성은 군산대학교에 가서 조선업 인력을 양성하기 위한 교육 과정을 준비해 달라고 요구했다. 군산대학교에는 조선공학과가 설립됐다. 심지어 유서 깊은 지역 고등학교 장항공고는 충남조선공업고등학교로 이름까지 바꿔 달았다.

그런 노력을 대통령이 칭찬하고 있다. "현대중공업을 유치하기 위해 군산시와 전북도 공무원들이 예순 번이나 기업을 찾아가는 '60고 초려'를 했다고 합니다." 무대에 올라 연설하는 이명박 대통령 목소리에 자신감이 묻어났다. "예순 번까지는 아니었던 것 같은데…." 아무튼 숱하게 기업 관계자를 만나고 잘 알지도 못하는 사람들을 무턱대고 찾아다니기는 했다.

이날 백일성과 대통령은 의심 없이 지역 도시의 성공을 규정했다. 대기업 공장 유치. 바다를 메우고, 땅을 고르고, 그 자리에 공장을 세우며 성장하는 방식을 도시는 믿었다. 모든 시민이 그랬다.

백일성은 그 시절 지역 언론과 인터뷰에서는 이렇게 말했다. "'군산에서 살기 싫다'는 자녀의 말에 충격받아 군산이 잘살 수 있도록 기업을 유치하겠다고 다짐했습니다. 어깨가 무겁지만 아이들에게 면목이 섰습니다."

그 시절 기사를 되짚어 주니 멋쩍게 웃는다. "제가 그랬네요. 애들이 크고 나서도 나랑 같이 살면서 다닐 만한 직장이 여기 있으면 정말 좋겠다고 생각하긴 했어요."

산업이야 도구일 뿐, 결국 사람이 들어오는 도시, 나아가 머무는 도시를 만들겠다고 백일성은 한 시절을 정신없이 보낸 것이다. 큰 공장은 딸린 협력 업체를 데려올 테고 노동자를 모을 것이다. 그들을 위해 지은 거주 시설과 문화 시설과 교육 시설은 노동자를 정착시킬 것이다. 일하는 사람이 군산에 있으므로 지역과 기업은 더욱 단단하게 얽힐 것이다.

대우차와 한국지엠을 경험한 터라 확신은 더했다. 자동차 공장과 거기 딸린 숱한 협력 업체가 군산을 양적으로 성장시키는 모습을 모두 보았다. 시청이 있는 조촌동이나 수송동, 나운동 같은 곳들이 제법 깔끔한 도시의 꼴을 갖춘 것도 따지고 보면 자동차 공장 덕분이다.

조선업은 세계 생산 체계의 어느 자리에 도시가 다시 한번 단단히 자리 잡는다는 것을 의미하기도 했다. 작은 도시, 바다와 면한 땅끝에 대공장이 있다. 공장 위로는 본사가 있을 것이고, 본사의 규모는 국내에 머물지 않는다. 세계 여러 나라에 걸쳐 있다. 세계의 실물 경기, 금융 상황이 군산 땅 곳곳에 영향을 미친다.

자동차 공장도 그랬지만 조선은 한층 더하다. 배는 세계를 누빈다. 배 짓는 일은 세계의 물건을 옮길 것을 짓는 일이다. 담길 물건의 수요와 공급에 영향받는다. 뿐만 아니라 금융과 실물의 연결 고리가 되곤 하는 유가도 영향을 미친다. 초고가의 상품인 만큼 투기 수요도 끼어들 덴데, 아무튼 그 역시 더 강하게 세계 경제에 얽히는 걸 의미한다. 전북 주요 도시라고는 해도 늘 전주의 그늘에 가려져 있던 군산은(군산에 있다 보면 전주에 대한 묘한 경쟁심을 느낄 기회가 적지 않다) 마침내 세계 제조업의 도시를 완성한다. 어쩌면 정말 50만 인구를 품은 세계 도시가 될지도 모를 일이다. '세계'라는 단어가 주는 설렘은 그 한계를 예감한데도 어쩔 수 없다.

~~~~~~

군산이 전북 지역 총생산에서 차지하는 비중도 이즈음 처음 20퍼센트를 넘긴다(2008년, 21.2퍼센트). 당시 한 신문 기사는 택시 기사의 당연한 말로 들썩이던 군산 분위기를 전한다. "현대중공업이 대단한 기업이긴 한가 봐요. 군산 분위기가 완전히 바뀌었으니까요."(《매일경제》, '전북 군산 마침내 도시는 2000년대 중반 한국 산업을 대표하는 자동차에 이어 조선이라는 구색까지 갖추었다.

한국 조선 산업은 2003년 일본을 제친 뒤 세계 1위를 독주했다. 2008년 조선업은 총수출액에서 처음 반도체와 자동차를 제쳤다. 수출의 10.1퍼센트를 점했다. 중국이 WTO에 가입한 2001년 이후 전 세계 상품 교역량이 가파르게 늘었다. 생산 과정은 전 세계로 분산됐고, 작은 부품 하나하나 바다를 건너 다니며 조립되었다.

자유 무역의 확대는 피할 수 없는 대세로 여겨졌다. 배 만드는 일을 둘러싼 낙관이 따듯한 볕이 내리쬐던 5월, 군산의 서쪽 끝에서 정점에 이른 건 당연한 일이다.

괜히 장난친 이유

군산 산업 단지에 있던 번영중공업도 이 들썩임 속에 새로운 도전에 나서기로 했다. 현대중공업 사외 협력사(블록 업체)가 될 준비를 했다. 배의 일부 블록(선수나 선미)을 만들어 납품하는 일을 해 보기로 했다. 낯선 분야다. 의지만은 다부졌다. "그때 들어온 현대중공업 협력사들은 대부분 외지 기업이었어요. 군산 기업으로서 한번 도전해 보자, 새로운 걸 해 보자, 이런 마음."(김광중, 번영중공업 대표)

번영중공업 대표 김광중은 흔히 생각하는 한 회사의 CEO 느낌은 아니다. 양복을 입고 머리를 손질하긴 했는데 반질반질 깔끔한 느낌은 (죄송하지만) 묻어나지 않는다. 그럴 만도 했다. 그를 아는 군산 사람들은 사무실에서 숫자를 계산하는 것보다 직접 기계 만들고, 노동자와 부대끼는 걸 좋아하는 사람이라고들 했다. 지역 고용 기관이나 다른 협력 업체들 사이에서 신망이 퍽 두터워 보였다. 자주 김광중 이야기를 했고 그럴 때 대개 얼굴에 웃음이 번졌다.

"제가 가방끈이 짧아 가지고 말을 잘 못해서. 대신

에…." 생소한 이유로 김광중은 인터뷰를 힘들어했다. 그답다는 생각에 웃음이 났다. 자세한 얘기를 먼저 들려준 건 그의 아내다. 그의 아내는 회사 내부 문제를 관리하는 이사 역할도 맡고 있다. 아내 이야기를 먼저 듣고, 그와도 두어 차례 더 만나 밥 먹고 공장을 걸었다. 멀찍이 보이는 현대중공업 크레인을 보면서 같이 한참 서 있었다(그러므로 이어질 글은 아내의 말과 김광중의 말이 뒤섞여 있음을 양해해 주시길).

조선소 협력 업체 번영중공업의 시작, 조선업 불모지 군산에서 갑자기 낯선 일에 뛰어드는 건 어떤 의미였을까. 수많은 위기와 작은 성공 사이를 징검다리 건너듯 내딛는 일이었다. 그 사이 생긴 생채기가 물론, 많다.

김광중이 군산 산업 단지 안에서 일을 시작한 건 2000년부터다. 처음부터 조선을 생각했을 리는 없다. 군산의 또 다른 공장인 세아베스틸 사내 협력 업체로 일했다. 공장 설비를 유지 보수했다. 사실상 사람 파견하는 일이다. 내 공장 없이 하는 일이다. 회사에는 번영기공이라고 이름 붙였다. 번영은 그의 아버지가 지어 준 이름이다. '회사에서 일하는 사람, 같이 일하는 모든 사람이 번영했으면 좋겠다는 바람을 담았다'고 김광중은 해석한다.

그저 흔한 이름인데, 이름에 새긴 신념은 크다. 김 대표가 생각하는 회사에 대한 개념이 작은 협력 업체 치고 독특했다. 김광중은 이런 얘기를 쑥스러워하므로, 그의 아내가 대신 말했다. "대표님은 회사를 자기 것이라고 생각 안 하세요. 잘되도 자식한테 물려주기 보다는 경영 잘하는 믿을 만한 사람이 있으면 넘긴다고 하시고요. 우리 회사뿐만 아니라 우리랑 같이 일하는 다른 회사들 모두 잘되는 게 무엇보다 중요했어요. 여기는 그런 곳이라고. 사람이 번영해야 되는 데라고."

현대중공업이 들어온다는 이야기를 들었다. 내 공장을 짓고, 거기서 정말 뚝딱거리며 무언가 만들고 싶었다. 만드는 일이라면 뭐든 자신 있었다. 새로 들어오는 조선소는 그런 기회였다.

도전을 시작했다. "아무래도 세아보다 훨씬 큰 기업

이라 그런지 굉장히 꼼꼼하게 봤어요. 게다가 우리는 경험이 전무했으니까." 깐깐한 현대중공업의 기준에 맞추기 위해 사업 계획서를 쓰고 울산에 가서 발표했다. 조선소 근처에 1만 5867제곱미터(4800평) 넓이의 공장 지을 땅을 샀다. 마련한 땅에 팻말부터 꽂고 기업 실사를 받았다.

공장이 절반 정도 지어졌을 무렵, 약속했던 대출이 갑자기 막혔다. "이 지역 은행들이 조선업을 이해하지 못해 벌어진 일이었는데, 우리한테는 사형 선고였다"고 기억한다. 돈을 못 받은 건설사 한 곳이 김광중을 끌고 가서 신체 포기 각서를 쓰게 하는 일까지 벌어졌다. 아내한테 그날은 잊을 수 없다. 팔방으로 뛰어다녔다. 결국 다른 지역 은행에서 돈을 빌렸다. "열심히 기도했더니 길이 열린 것 같다"고 그의 아내는 험했던 시절을 기억한다.

작은 기업의 금융 문제가 목숨을 가르는 문제라는 걸 체험했다. "나만 죽는 게 아니라 나를 도와주려던 사람들까지 죽여 버리는 일"이었다. 김 대표는 이후에도

늘 빚에 예민했다. 연대 보증을 없애 달라고 청와대 신문
고 누리집에 글을 올리기도 했다. 번영중공업이 정상궤
도에 오르고 가장 먼저 한 일도 빚 줄이는 것이었다. 공
장은 그런 우여곡절 끝에 완공됐다.

돈을 아끼려고 프레스 기계는 김광중이 직접 만들
어 설치했다. 다른 공장에서 슥 둘러보고 돌아와 뚝딱 제
손으로 설계도를 그려 가며 기계를 만들었다. 현대중공
업 직원들은 "이 정도 기술이면 맡겨 볼 수 있겠다"고 했
다. 바로 협력사는 되지 못했는데, 예비 협력사 형태로
현대중공업 일을 받았다.

이제 사람을 모을 차례다. 조선업은 자동차와 달리
설비보다 사람이 중요한 (21세기) 몇 안되는 제조업이다.
'조선 산업은 작업 공정의 자동화와 표준화에도 한계가
있기 때문에 노동자들의 경험적인 숙련이 매우 중요하
다.'(박종식, '조선업 블록 업체 고용 구조와 특성')

기술자가 필요했다. "S급 기술자와 장인 들이 지역
젊은이들을 가르쳐 주고, 젊은이들이 다시 베테랑이 되

는, 그런" 모습을 꿈꿨다. 조선업 불모지 군산에는 그런 기술 장인이 없다.

조선업 도시 울산으로 거제로 장인들을 찾아다녔다. "현대중공업과 함께 조선업이라고는 아무 것도 없었던 군산에서 제대로 일어서고 싶다. 내 회사가 아니라 모두의 회사로 만들고 싶다"고 했다. 그답게 소박하고 진정성 담긴 표정과 목소리였을 것이다. 고작 막 일을 시작한 협력 업체 대표일 뿐이래도 군산을 울산 동구나 거제 같은 조선업 도시로 키우고 싶다는 바람 혹은 야망 같은 걸 품었다. 그즈음 많은 군산 사람이 비슷했다. 집단적 야망의 분위기가 군산을 감쌌다.

울산에서도 알아주던 현대중공업 퇴직 노동자 '어르신' 한 분이 군산, 작은 협력 업체 번영중공업에 머무르기로 결단했다. 그분으로 말할 것 같으면, "울산 현대중공업 명예의 전당에 오른 기술자로, 번영중공업에 줄 수 있는 돈이 별로 없다는 걸 알면서도 재능 기부한다는 마음으로 와 주신 분"이다. 유명한 기술자 네댓 명이 그를 따라왔다. "은인이죠. 정말 은인."

장인의 경지에 오른 기술자의 몸놀림은 경이로웠다. 열을 가해 철을 구부릴 때, 적당한 온도를 온도계로 재는 것보다 이들의 감으로 재는 게 더 정확할 정도였다. 2012년 정도부터 충남조선공업고등학교에서 청년들을 채용했다. "책으로도 못 배울 것들"을 어르신과 장인 들이 일러 주었다. 그런, 꿈꾸던 풍경이 이제 갓 시작하는 작은 공장 한 곳에서 펼쳐지고 있었다.

현대중공업 1차 협력사가 됐다. "LNG선 선수(배 앞머리) 부분을 가공했는데, 그런 건 울산에서도 못하는 것이라고 했어요." 새로운 기술을 성공한 날이면 직원들 다 같이 환호하고 부둥켜안았다. 점점 감당할 수 있는 기술의 영역이 넓어졌다. 그때마다 현대중공업에서 받을 수 있는 일감도 늘었다. 눈물로 세운 공장에서 기술 하나를 익힐 때마다 또 울었다.

그러므로 그 시간을 정점이라고 적어도 무리 없다. 정점의 순간 김광중은 무엇을 하였나? 공장 터를 잡고

기계를 들었다. 아니다. 그쯤이야 별 것 아니다. 그때 그
는 사람을 모았다. 스승과 제자로 맺어 줬다. 기술을 나
눠 준 어르신들은 고마웠다. 성실히 익히려고 애쓰는 젊
은이들은 기특했다. 그러므로, 그 시절 그가 성공의 기분
을 만끽할 수 있었던 건 이런 순간이다. "어르신들하고
소주 한잔 할 때. 괜히 기숙사에 올라가서 젊은 애들하고
장난치면서 놀 때, 그런 때요."

~~~~~~

조선소를 따라 군산 산업 단지 곳곳에 협력사가 자리 잡
기 시작했다. 1990년대 초부터 시작했으나 오랜 시간 지
지부진했던 새만금 개발도 힘을 받았다. 2006년까지만
해도 27퍼센트 정도에 그쳤던 군산 산업 단지 입주율은
2009년에 이르면 100퍼센트가 된다. 이때 골칫거리는
외려 무분별한 입주다. 생산하려고 들어오는 기업이 아니
라, 시세 차익을 기대하고 산단에 땅만 사 놓는 기업이 많

았다.

2008년 말 세계 금융 위기가 번졌다. 조선 수주가 줄기는 했으나 대형사들의 경우 겉보기에 당장 큰 타격을 입은 것 같지는 않다. 수주 물량은 쌓여 있었고 생산은 계속돼야 했다. 세계 금융 위기 직후 고유가는 선박을 넘어 석유 시추 시설 같은 해양 플랜트에 갓 뛰어든 국내 조선사들에게 또한 새로운 기회로 여겨졌다.

한국 경제도 세계 금융 위기를 잘 견뎌 낸 것처럼 보였다. 다만 돌아보면 그 위기는 '저성장' 또는 '변동성의 심화'로 규정되는, 새로운 경제 환경의 시작점이었다.

저성장과 변동성은 한국 사회에 다양한 영향을 미쳤다. 산업 단지만 놓고 보자면 IMF에 이은 두 번째 비정규직 붐을 이루었다. 언제 어떻게 될지 모르니 유연하게 인력을 구성해야 한다고 여겼다.

조선업은 그 가운데서도 유연화가 가장 적나라한 산업이 됐다. 조선 3사(현대중공업, 삼성중공업, 대우조선해양)의 기능 인력(생산직) 비정규직은 2010년 8만 6810명에서

실적 도시

2015년 13만 5785명까지 늘었다(비정규직 중심으로 꾸린 해양 플랜트 산업 확장의 영향도 컸다). 정규직은 1990년 이후 6만 명 수준을 유지할 뿐이다. 현대중공업 군산 조선소는 이런 시점 만들어졌다. 울산이나 거제에서 조선업이 가지는 의미와 군산에서 조선업이 가지는 의미는 그러므로, 꽤 다를 터였다.

　군산에서 현대중공업은 산업 단지와 도시에 비정규직 노동자가 유입되는 것을 주로 의미했다. 울산이나 거제도 같은 변화를 겪었으나, 그나마 긴 역사 속에 형성된 중산층 조선업 가족도 도시를 이루는 한 축으로 남아 있기는 했다. 물론 조선소가 들어오던 정점의 날, 군산 사람 누구도 산업이 품는 노동자의 성격이 도시에 미칠 영향까지 세세하게 따지지는 않았다.

이렇게 우리는 한 제조업 도시가 지은 질서의 정점

을 말하고 있다. 한껏 부풀어 오른 도시의 땅값, 빈자리 없이 들어찬 공장, 산업 단지에 늘어 가던 밥집과 술집들로 묘사하는 것도 나쁘지 않다. 실제로 그랬다. 세계 여느 곳들의 찬란했던 어느 시점을 다루는 유튜브 영상이 그러하듯, 그런 것들만으로도 우리는 충분히 벅차다. 다만 그 안에서 생동했던 사람의 움직임과 그들 사이 관계에서 발하는 뜨거움 같은 것에 비할 바는 못 된다.

우리가, 같이, 무언가 하고 있다는 느낌. 백일성의 가장 빛나는 시절이었고, 번영중공업의 가장 충만한 시절이었다.

4장

균열

불안한 여유

무턱대고 외웠던 '제조업＝중요해!' 따위 공식(1장을 참조해 주시길)이 우스운 것만은 아니다. 제조업은 역시 중요하다. 우리가 그 덕분에 먹고 살아 왔기 때문이랄지, 선진국 어느 곳보다 높은 비중 때문만은 아니다.

제조업은 '함께' 일한다는 노동 특성을 지니고 있다. 전문적으로 세분화된 제4차 산업 혁명 일자리나 이질성이 크고 사업장이 잘게 나뉜 서비스업 일자리와 다르다. 포드식 대량 생산은 규모의 경제를 외치며 공장의 덩치만 키운 게 아니다. 그 안에서 일하는 사람-집단의 규모도 키웠다. 비슷한 생활 수준과 문화를 영위하는, 표준적인, 그러므로 연대 가능한 노동자 집단이다. 이들 노동자 집단은 한 도시의 생활 양식을 만들 것이다. 그 생활 양식을 따라 고색창연한 근대 도시 군산은 또 다른 새로운 색깔을 덧입게 될 것이었다. 계획대로였다면.

피로함과 무례

2009년. 현대중공업 조선소 유치가 도시의 기대를 한껏 키우는 동안, 자동차 공장도 별 탈 없이 생산했다. 세계 금융 위기 여파로 2008~2009년 생산량은 이전보다 다소 줄었다. 그래도 제 몫을 했다. 여전히 20만 대 넘게 자동차를 만들었다. 군산항을 통해 세계로 수출한 지엠 자동차는 2009년 12만 4000대 정도에 그쳤지만 이듬해 18만 대 수준으로 곧장 다시 회복했다.

세계 금융 위기는 (당시로선) 한국, 또한 군산 제조업에 큰 타격을 입히지 못했다. 지엠이 북미에 있는 47개 공장 가운데 13개 공장을 폐쇄하고 있던 때다. 지엠은 파산 보호를 신청했고 최대 주주가 미국 정부(지분 60.5퍼센트)로 바뀌는 수모를 겪는다.(산업연구원, '미국 자동차 산업의 구제 조치 과정과 시사점')

그 모습을 보면서도 군산의 위기감은 크지 않았다. 지엠은 '나쁜 지엠'(Bad GM)으로 묶인 공장을 잘라 내고 '좋은 지엠'(Good GM)만 모아 '뉴 지엠'(New GM)으로 다시 태어났다. 군산 공장과 한국지엠은 물론 좋은 지엠으로 묶였다. 배럴당 140달러를 넘나드는 고유가 덕에 한국에서 나오는 마티즈나 라세티 같은 연비 좋은 작은 차가 잘 팔렸다. 같은 지엠이래도 미국 노동자의 불안은 군산 노동자한테 아득한 일이다.

유가의 상승과 하락이 한국 제조업에 미치는 영향을 가늠하기는 쉽지 않다. 다만 세계 금융 위기 이후 고유가는 최소한 그 시점 수출을 이끌던 한국의 자동차와 조선업에 준비된 기회쯤으로 여겨졌다. 석유를 캐낼 드릴십이나 해양 구조물 수요가 늘었다. 더 효율적인 연비를 지녀

인기 있는 선박과 자동차가 한국에는 있다. 위기 이후 따라붙을 수요 회복, 특히 (역시 상대적으로 금융 위기 타격을 덜입은) 중국 수요 회복에 기댈 수 있었다.

위기는 역시 V자 반등을 만들었다. 다수가 위기에서 탈락하고, 살아남은 이들은 회복의 수혜를 고스란히 받는다. 세계 금융 위기에서 살아남은 한국지엠 군산 공장은 다시 재빨리 예전 경로를 찾아가는 듯했다.

~~~~~~

김성우는 이런 공장과 도시의 성장, 자신의 삶을 같은 선상에 놓을 수 있었다. 위기가 없지 않았지만, 믿었던 대로 곧바로 회복한 공장에서 나이 마흔을 코앞에 뒀다. 2000년대 후반부터 2010년대 초반은 인생 가장 바쁜 시기로 기억한다. 잔업과 특근이 꽉꽉 들어찼다.

아침부터 밤까지 온종일 지겹도록 보는 동료들과 주로 부동산 얘기를 했다. 노동자 대부분이 30대 후반에서 40대 중반 또래였다. "딱 내 집 마련해야 할 시점"에 도시의 부동산도 들떴다.

군산의 부동산 가격 상승은 놀라운 수준이다. 새만금 개발 기대감이 컸다. 기대감은 땅값에 고스란히 녹았다. 2008년 상반기 군산 땅값은 6개월 만에 무려 25퍼센트 올랐다. 당시 전국 부동산 가격은 하락기였다. 그러므로 독보적이다. 군산은 그해 전국에서 가장 높은 땅값 상승률을 보인 도시로 기록됐다.

산업 단지 한가운데 오식도동에도 투자 수익을 노리고 원룸 건물이 속속 들어찼다. 조선소가 가동을 시작하면 뜨내기 노동자들은 여기 들어와 살게 될 것이다. 수송동 일대에도 아파트 건설과 분양이 활발하다. 2007년 6000채였던 군산시 아파트 거래량은 2008년 1만 1346채로 두 배 가깝게 늘어난다.

김성우도 이 틈에 끼어 군산 시내에 30평대 아파트 한 채를 마련했다. 2008년 이마트, 2009년 롯데마트가 들어서며 수도권 신도시 비슷한 분위기가 군산 신도심에 물씬해졌다.

도시의 풍경에 활기가 도는 동안 공장 안의 풍경은 피로로 물들었다. "돈은 잘 벌리는데, 그래도 하루만 쉬었으면 좋겠다는 말을 서로들 입에 달고 살았어."(김성우) 그렇게 정신없이 일하던 와중에 가끔 희소식이 대공장에 당도할 때도 있다. 협력 업체에 불이 나는 날이다.

"그때는 왜 그런지 모르겠는데 협력 업체에서 불이 종종 나는 일이 있었어. 너무 일감이 많아서 과부하가 걸렸던 걸지도 몰라. 아무튼 그런 얘기가 한국지엠 공장에 전해지면, 저어 끝에서부터 이쪽 끝까지 '와!' 하는 함성이 울렸던 거야. 참 어이없지. 불난 공장 생각하면 미안한 일인데, 협력 업체에서 자재 공급이 안 되면 어쩔 수 없이 우리도 가동을 멈추니까 쉴 수 있었던 거야. 우리는 잠깐이라도 쉴 수 있으니까, 무슨 명절처럼 신났지."

김성우가 몸은 회사에 매이고 돈은 잘 벌리고 그래서 일과 잠이 전부였지만, 덕분에 중산층이 됐던 시절을

떠올린다. 좋았는지 나빴는지, 판단하기 좀 모호한 시간
이다.

~~~~~~~~~~~~~~~~~~~~~~~~~~~~~~~~~~~~~~

2011년. 한국지엠 군산 공장은 26만 9000대를 생산했
다. 지엠대우 브랜드를 쉐보레로 바꿨다. 대우라는 이름
은 이제 완전히 지워졌다. 라세티부터 올란도까지, 주로
유럽으로 팔려 나갈 차를 만들었다.

세계 금융 위기 이후 회복과 성장은 물론 군산 경제
에 일정한 도움이 됐지만 그 수혜를 오롯이 누린 것인가
하는 질문에 이르면 답하기 모호하다.

군산은 생산 기지일지언정, 기업 도시라고 하기는 어
렵다. 본사를 군산에 둔 기업은 많지 않다. 공장만 군산에
두었을 뿐이다. 이런 모습은 지역 소득 유출로 나타난다.

2000년 전북 지역 GRDP가운데 3퍼센트 정도가 다
른 지역으로 유출됐는데, 2013년에 이르면 11.2퍼센트가

유출되었다.(전북연구원. '지역소득 역외 유출 진단과 대응 방향')

근로 소득은 거의 유출되지 않았지만(이건 토박이 도시의 특성이다) 기업 소득이 크게 빠져나갔기 때문이다. 벌어들이는 소득 자체가 늘어난다면 유출은 당장 문제되지 않는다. 그러나.

2013년. 삐그덕대기 시작했다. 한국지엠 공장의 자동차 생산량은 14만 대 수준까지 떨어졌다. 치솟던 유가가 하락세로 접어들었다. 한국지엠이 만드는 연비 낮은 작은 차가 더는 인기 품목이 아니다. 그런 이유로 줄어든 생산량이야 경기에 따라 늘 때도 줄 때도 있으니 이해하고 넘어갈 만하다. 그런데.

2013년 지엠은 쉐보레 브랜드를 유럽에서 철수하기로 했다. 군산 공장의 앞날은? 한국지엠은 이제 대우의 이름을 완전히 떼어 낸 쉐보레 브랜드 제품을 만들고 있다. 유럽에 팔리는 쉐보레 차는 군산 공장의 생존에 절대적이다. 불투명한 미래로 공장이 술렁였다.

우아하고 불안한

지엠의 유럽 철수 발표는 충격적인 사건이었지만 '늘 그랬듯 괜찮아질 것'이라고, 공장 안 노동자들은 생각했다. 노동자뿐 아니라 지역 전체가 염려와 위안을 공유했다. 이 공장은 이제 노동자나 지엠의 것만은 아니다. 노동자의 가족, 노동자에게 상품과 서비스를 건네는 군산 사람 모두의 것이다. 이 위기만 잘 넘겨 보자는 요량으로 군산 사람들은 '지엠차 사 주기 운동'을 벌였다.

> "빙하기가 있으면 해빙기가 있고 잘 맞물린 톱니바퀴가 시계를 움직이듯 지역 구성원들의 한국지엠 군산 공장을 살리기 위한 노력이 빛을 발할 것"(《전북도민일보》, 2013년 5월 16일자)

지역 신문은 아름다운 문장으로 독려했다. 위기로 휘청이는 일쯤이야 이력이 날 만도 했다. 대우 부도 때도 겪었고 세계 금융 위기 때도 겪은 일이다. 지금껏 그래

왔듯 이 위기는 지나갈 것이다.

다만 위기의 시간이 지나치게 길어졌다. 나아질 기미가 보이지 않았다. 공장은 2015년 2교대였던 생산 방식을 1교대로 바꾸기에 이른다. 한국지엠 적자는 1조 원 가까워진다(9868억 원).

생산량이 줄자 공장 정규직 노동자 박철수에게도 쉬는 날이 생겼다. 물론 불안했다. 임금은 다소 줄었지만 큰 폭은 아니다. 한국지엠 군산 공장의 임금 체계는 직장 이상 관리자부터는 잔업이나 특근 수당보다 기본급 비중이 높다. 박철수는 관리자였다.

박철수는 일단 나름대로 즐겁게 살았다고 했다. 가족이기도 친구이기도 한 동료들과 볼링을 치거나 스크린 골프를 쳤다. 술을 마셨다. 최악의 상황이 떠오를 때면 "쇼하다가 괜찮아질 것"이라고 서로 다독였다.

또 다른 정규직 노동자였던 정순철의 생활도 비슷했다. 그는 관리자 아닌 직원이었으니, 잔업·특근을 기대할 수 없는 공장에서 받는 임금은 꽤 줄었지만, "기본

적으로 돈보다 사람들하고 함께 하는 시간을 소중하게 여기는 편"이었다. 여유가 생기자 클럽에 나가 탁구를 치거나 배드민턴을 쳤다. 동료들과 재미 삼아 동네에서 찍는 영화에 엑스트라로 출연해 보기도 했다. 일제 강점기 농민 분장을 하고 얼굴을 모은 채 사진을 찍었다. 참 해맑게 웃었다. "맨날 봐도 할 말이 어찌나 많은지, 그냥 같이 모여서 얼굴만 봐도 계속 웃겼어요." 엑스트라로 출연한 영화는 흥행에 대실패했는데(무슨 영화인지는 밝히지 않기로 한다), 그게 또 그렇게 웃겼다. "망했어, 완전히 망해 부렀어."

운동도, 친구들과 함께 하는 시간도 좋았지만 무엇보다 아내와 함께하는 시간이 가장 행복했다. '각시 각시' 부르면서 손잡고 시내 여기저기 그냥 다녔다. 군산의 명소인 은파호수공원을 천천히 산책하고 카페에 가서 커피를 홀짝이고, 눈으로 하는 쇼핑이나마 백화점에 가서 이런저런 옷을 구경하고 집으로 돌아올 때면, "아 이런 게 사는 거지" 싶었다.

한국지엠 부평 공장 노동자 이범연이 쓴 책《위장 취업자에서 늙은 노동자로 어언 30년》에는 '회사 인간'이라는 표현이 등장한다. "그렇게 노동자는 회사 인간이 되고 가족의 생계를 책임지는 가장으로서의 역할만 있지 자기는 텅 비어 있다."

잔업으로 특근으로 내몰리다가 오로지 회사와 일이 삶의 전부가 된 사람들. 시야는 좁아지고, 스스로에 대한 관심도, 같이 일하는 사람들에 대한 관심도 옅어진다.

2000년대 중반부터 2013년 정도까지 이어진 군산 산업 단지의 전성기는 군산에도 숱한 회사 인간들을 남겼다. 오로지 더 많은 잔업을 채우고 더 높은 임금을 쟁여 놓는 것이 전부가 된 생활이다.

그 가쁜 생활 덕에 아파트를 샀다. 서울 사람 사는 것 같은 생활 여건도 갖췄다. 대형 마트에 이어 대형 쇼핑몰도 생긴다고 한다. 군산의 명소 은파호수공원이 정비됐다. 도시의 풍경은 수도권을 닮아 갔다. 다만 부족한 잠, 다급한 손놀림 속에 피로가 온 도시를 지배했다.

공장의 생산량이 줄어들고 난 뒤에야 비로소 군산 공장 노동자들한테, '회사 인간'에서 벗어날 기회가 왔다. 우아하고 평온한 일상이 깃들었다. 서로 더 많이 떠들고, 그러면서 더 많이 생각할 시간이 주어졌다. 그렇게 지내다 보면 어느 순간 다 같이 '덜 차별하고, 더 여유 있게 일하는 일터가 필요하다'는 생각을 해낼 수 있었을지도 모르겠다. 다만 현실은 호락호락하지 않다.

여유로운 삶은 파국의 예감과 함께 존재했다. 모두 믿고 싶지 않았고, 애써 부정했다. 그래도 공장의 생산량 감소는 명백하게 숫자로 나타났다.

~~~~~~

세계 각국에서 펼쳐진 앞선 일들을 보건대 생산량이 줄어드는, 즉 쓸모를 잃어 가는 공장을 지엠이 그대로 남겨 둘 가능성은 높지 않았다. 미국 공장은 세계 금융 위기 때 버려졌다. 2015년 러시아 공장과 인도네시아 공장을 정리

했다. 호주 홀덴 공장도 버려질 위기다(2017년 문을 닫는다).

지엠은 이제 2008년 위기 때와 완전히 다른 회사다. '뉴' 지엠이 맞다. 허울뿐인 점유율 1위, 내연 기관 자동차 업계의 공룡이기를 거부한다. 작고 효율적인 기업으로 거듭나겠다고 몸부림친다. 전 세계 생산 공장을 무참히, 차례로 잘라낸다. 2017년에 이르면 오펠과 복스홀 브랜드를 매각하기에 이른다. 세계 3대 자동차 시장인 유럽을 버린 셈이다.

그렇게 아낀 돈으로 미래 차에 투자한다니, 주주에게는 반가울 일이다. 세계 금융 위기 이후 주식 시장은 확실한 현재 가치보다 불확실한 미래 가치에 점점 더 무게를 두고 있다. 전통적인, 제너럴한(일반적인) 내연 기관 차를 생산하는 기업은 투자자에게 매력이 없다.

한때 지엠은 주주를 배반한 기업으로 악명 높았고 그건 누구라도 탓할 법한 과오(임원들의 도덕적 해이와 성과급 잔치)였다. 그런 지엠은 이제 없다는 말은, 일반적으로 환영받을 만한 것이었다. 신산업 개척을 위해 뼈를 깎는 고통을 견디는 태도는 제법 윤리적으로까지 여겨졌다.

　다만 깎아 낼 뼈였던, 심지어 작은 뼛조각에 가까운 한국 작은 도시에서 지엠의 돌변은 공포다. 이 공장을 누군가의 좋은 일터, 지역 사회의 대들보라는 이유로 남겨 두지 않을 것 같다. 빠르게 변해 가는 모빌리티 환경에서 미래 산업으로 이동하는 데 걸림돌일지, 주주 이익에 충실한지, 미국 본사는 판단할 것이다. 어느 도시의 공장이 그저 이윤을 초과하는 '비용'일 뿐일 때, 사라지는 것 말고 도리는 없다. 주주 자본주의의 효율성은 그런 것이고, 그런 엄혹한 구조 덕에 호황을 누린 도시는 그런 기업을 탓할 수도 없다.

～～～～～～～～～～～～～～～～

낚시와 골프

공포는 정규직 노동자들한테는 애써 부정할 수 있는 느릿느릿한 일이었다. 하지만 협력 업체한테는 당면한 아수라장이었다. 언제 사라질지 모를 대공장을 정점으로 한 생태계에서 일단은 챙겨 놓고 보자는 착취의 문화가 생겨나기 시작한 것이다. 한국지엠 군산 공장 협력 업체 창원금속공업의 이정권 이사는 이즈음 지엠을 떠올리며 분노를 쏟아 낸다. 이를테면.

"어느 날 갑자기 본사 젊은 직원이 서울에서 전화를 해요. '저 내려가는데요. 아, 요새 낚시가 왜 이렇게 재밌지' 이러는 거예요. 왜 갑자기 낚시 얘기를 하지? 무슨 얘기지? 했죠. 못 알아듣고 나중에 욕을 한참 먹었어요. 비응항에서 새벽 4시에 출항하는 배를 준비해 둬라, 그 얘기였는데 제가 알아서 캐치를 못 한 거죠."

"심지어 생산 물량이 없어서 이틀 일하고 사흘 쉬는 와중에 우리는 괴로워 죽겠는데 골프를 치자는 직원도 있었어요. 물론 대부분 직원이 그럴 리는 없었겠지만."

쉽게 이해하기 어려운 얘기였다. 요즘 같은 시대에? 되묻는 말에 그는 "이해가 안 가실 거다. 저도 이해가 안 됐다"고 말하고 덧붙인다. "일부 직원의 일탈을 잡아내지 않은 것이죠, 기업이.”

상생은 그의 말을 듣기 전까지 추상적인 단어였다. 대기업의 선의 정도로 생각했다. ‘선의는 상황에 따라 손쉽게 회수되므로 온전히 기댈 수는 없다’는 정도 생각을 했다.

다만 상생이라는 단어에 시간을 더하면 좀 달리 생각할 여지가 생긴다. 상생하지 않는 대기업은 지속 가능하지 않다. 즉, 지속 가능하길 바라는 기업에서 갑질은 엄히 다스려야 할 죄악이다. 개인 단위의 갑질은 쓸모 없이 회사의 미래 비용을 늘리고 효율성을 떨어트린다. 일종의 회사의 미래 자원 유용이다. 도덕의 문제가 아니라 안정적인 장기 이윤의 문제다. 그걸 통제할 의지가 회사에 없었다고, 이정권은 말하고 있는 것이다. 그러므로 이 공장은 떠날 게 명백하다고 여겼다는 것이다. “한국 대기업들도 갑질이 심하다지만 그 정도는 아니잖아요. 사회적인 압력이나 눈치도 보고 나름대로 관리하잖아요. 계속 사업해야 하니까.”

산업 단지 동쪽 자동차 공장이 힘을 잃는 사이, 서쪽 끝 조선소가 먼저 요동쳤다. 2014년 현대중공업의 영업 이익은 3조 2490억 원 적자를 기록한다. 100달러를 가뿐히 넘기던 유가가 2015년에 이르면 배럴당 40달러 수준으로 떨어진다. 고유가를 바라보며 국내 조선사들이 야심차게, 혹은 무모하게 뛰어들었던 해양 플랜트 사업은 손실만 남겼다. 선박 수주도 줄었다. 조선업 호황이 저물고 있었다. "자른다면 현대중공업 조선소들 가운데 가장 말석에 있는 군산 조선소가 대상이 될 것"(안창호, 군산시 경제항만혁신국장)임은 논리적으로 자연스러운 추정이다. 다만 조선소에 모든 걸 걸었던 사람들조차 조선소가 완전히 가동을 멈추는 상황을 구체적으로 그리지 못했다. 저 큰 크레인을 들여 놓고 그럴 리 없었다.

류관영(56)은 애석하게도 그 시점 조선소에 모든 걸 건 사람 가운데 한명이다. 2015년 오식도동 원룸촌에서 원룸 사업을 시작했다. 돌아보면 위험한 투자였대도 그때 그에게는 상식적인 선택이었다. 2000년대 중반 조선업의 호황을 바라본 이였다면 누구라도 그러했을 것이다.

조선소 동네의 생리

류관영은 원래 국내 조선업 본산 격인 울산 동구에서 30년 넘게 살았다. 고향은 군산 근처 김제였는데, 젊었을 때 형제들과 함께 울산 동구로 터를 옮겼다. 비슷한 나이대 중년들에 견줘 키가 크다. 침착하고 논리적으로 상황을 설명하는 편이다.

"처음 울산 갔을 때는 시장에서 아주머니들이 뭐라 하는데 그 말을 못 알아듣겠는 거예요." 그래도 적응했다. 나름대로 성공했다. 울산 동구에 원룸 건물까지 한 채 샀다.

막내를 대학 보내고 '이제는 고향으로 돌아가야겠

다'고 생각했다. 고향으로 돌아가고 싶다는 생각이야 원래도 컸다. 오랜 경상도 생활에도 그의 어조에는 여전히 전라도 말씨가 남아 있다.

다만 울산과 비슷한 수준으로 생계를 유지할 수 있을지 불안했다. 군산에도 조선소가 들어왔고 그 곁에 원룸촌이 생겼다는 건 그가 행동에 나설 명백한 근거가 됐다. 조선소가 있다면 원룸 수요는 보장된다. 그게, 울산 동구에서 터득한 '조선업 동네의 생리'였다. 2015년, 산단이 있는 오식도동에 원룸 건물 두 채, 작은 상가 건물 두 채를 지었다. 울산 원룸 건물을 팔고 은행 빚을 보탰다.

조선소는 자동차 공장과 달리 비정규직(사내 하청·물량팀) 위주로 현장을 꾸린다. 이들 비정규직이 군산 도심인 수송동이나 나운동 일대에 아파트를 구하고 정착해서 살 리는 없다. 그저 일하러 온 사람들이다. 그러므로 혼자 머물 만한 임시 거처를 찾을 것이다. 일하고, 별다른 여가 없이 몸만 누일 공간이 필요한 그들에게 유일한 관건은 집이 '조선소와 가까운가' 정도일 것이었다. 조선

실
직
도
시

소 근처 산업 단지 안에는 주거 용도 땅도 제한적이다. "조선소와 원룸은 떼려야 뗄 수 없는 관계"이고 공급은 더 많아질 수 없으니 방값은 오르거나 최소한 유지될 거였다. 합리적인 생각이다.

다만 이상한 낌새가 있었다. 건물 네 채 모두를 쥐고 임대를 줄 생각은 애초부터 없었다. 몇 채는 다른 사람에게 팔 생각이었다. 2015년 말 원룸 건물 한 채를 사겠다고 나선 사람이 있었다. 현대중공업 정규직 노동자였다. 은퇴 이후 임대 수익을 받으며 사는 삶을 꿈꾼 것 같다.

조선소에서 일해서 돈 벌어 건물을 짓고, 은퇴 이후에는 조선소 노동자에게 방 빌려주며 노후 소득을 유지하는 방식은 울산에서도 제법 흔했다. 노동 임금과 자산 소득을 나이에 따라 도시 안에서 돌고 돌리는 일종의 순환 과정이랄까.

그런데 그 정규직 노동자가 돌연 계약을 취소했다. "계약금 3000만 원을 고스란히 날린다"는데도 개의치 않았다. "여기 계속 살 줄 알았는데 울산으로 다시 발령이 날 것 같다고 했어요."

'조선소가 떠나는 것인가?' 생각했다. 불안했지만 그건 상식적으로 너무 과도한 예감 같았다. 잠깐 힘들어 움찔할 수는 있어도 "저 큰 크레인을 들여 놓고 조선소를 통째로 비운다는 것을 상상하기 어려웠다." 그가 울산 동구에서 본 조선소는 그런 곳이 아니었다. 몇 년치씩 물량을 쌓아 놓고 피로에 찌든 노동자들이 어제처럼 내일도 투닥거리는 공간이었다. 그런데.

현대중공업 군산 조선소는 2017년 6월 가동을 완전히 중단했다. 8년, 짧은 역사였다. 현대중공업 사람들은 사라지고, 현대중공업을 바라보고 꿈꿨던 사람들만 남았다.

그리고 1년이 채 지나지 않은 2018년 2월.

그날이 왔다.

5장

그날

공장이 떠나던 날

"녹음을 시작하겠습니다." 카페에서, 사무실에서, 연구실에서, 음식점에서, 공터에서 녹음기를 켠다. 하나둘 군산 사람 목소리가 얹힌다. 더듬거리며 느릿하게 시작된 이야기는 때로 가빠지고 어느 순간 멎기도 한다. 어떤 대목은 지나치게 자세하고 어떤 대목은 '거시기' '그 뭐냐'로 대충 눙쳐진다. 시간 순서가 흐트러져 있는 경우가 적지 않다. 앞선 말이 좀 잘못돼 다급하게 정정하기도 한다. "아 다시 생각해 보니⋯." 고쳐진 부분에 작게 표시를 덧댄다.

어디서 무엇을 하고 있었습니까

굳이 되짚을 필요 없었던 지난 어느 시점, 서 있던 공간과 눈에 보이던 사람과 사물들, 누군가 또는 스스로와 나눴던 대화, 스치던 기분, 몸 상태 같은 것들을 기억해 내는 게 쉬운 일일 리 없다. 그래도 많은 사람이 "그 순간을 그림 그리듯 설명해 주세요" 따위 당혹스러웠을 요청에 성실히 응해 줬다. 기억하고 단어로 옮기려 애써 줬다. 아등바등 버텨 나가는 현실에 하나 도움될 것 없다는 걸 알면서도 그렇게 해 주었다.

조각난 기억을 다시 정리하고 세부를 확인하느라 인터뷰 시간은 길게 늘어졌다. 짧으면 한 시간, 길 때는 서너 번 만나 모두 합치면 열 시간 넘게 말하고 또 말했다. 쉽지 않은 이 과정은 그들에게, 또 나와 독자에게 어떤 의미가 있는 걸까. 괜히 마음만 들쑤셔 어떻게 봐도 마뜩잖은 지금을 더 초라하게 만들지 모른다는 생각에 미치면 질문하는 목소리에도 자신감이 옅어졌다.

그렇게 한 명 한 명, 질문은 매번 달랐고 장소며 분

위기도 제각각이다. 그래도 어쩔 수 없는 공통 질문이 있다. 가장 궁금했고, 가장 미안했던 질문이다. "그날 어디서 무엇을 하고 있었습니까?"

2018년 2월 13일. 설을 사흘 앞둔 화요일. 그즈음 다른 날들처럼 뒤숭숭했던 날. 한국지엠 군산 공장 생산직 노동자 대부분은 집에 머물렀다. 일부 관리직만 공장에 나왔다. 집에서든 회사에서든 메신저를 타고 날아다니는 소문 한마디에 마음 졸이고 안도하기를 반복했다. 1주일 전까지만 해도 하루하루 '내일이 그날이 될 것'이라고 질겁해 있다가, '그래도 설 사흘 전인데' 따위 생각에 조금은 안도하고 있었다. 그날은 그런 날이었다.

그날, 한국지엠 군산 공장은 3개월 보름여 뒤(5월31일) 공장을 폐쇄하겠다고 공식 발표했다.

그날, 한국지엠 군산 공장은 3개월 보름여 뒤(5월31일) 공장을 폐쇄하겠다고 공식 발표했다.

5 — 그날 :: 공장이 떠나던 날

눈치 보았다

그날 고현창은 집에 있었다. 회사에는 한 달에 너댓 번 정도만 가고 있었으므로, "당연히 집에 있었다." 아침 9시쯤으로 기억한다. 소식을 전한 건 회사도 동료도 아니다. 인터넷 뉴스가 더 빨랐다. '한국지엠 군산 공장 폐쇄 결정' 뉴스 속보가 휴대 전화 화면에 떴다.

예감한 채, 날짜만 기다리던 그날이 예상치 못한 시점에 당도했다. 마음은 산란하게 떠다닌다. 가만히 있을 수가 없어 일단 손가락부터 바쁘게 움직인다. 온라인 기사는 수백 개씩 쏟아지는데 도움될 만한 정보는 딱히 없다. 노동조합에서 '공장 폐쇄가 결정됐다'는 내용의 문자 메시지를 받은 건 조금 지난 뒤다.

한두 시간 지나자 조금씩 정리된 뉴스가 나왔다. '정부와 지엠이 자금(재정) 지원 규모를 두고 줄다리기 하고 있다'고 했다. '나는 어떻게 되는 거지?'

'지엠이 한국의 모든 공장을 완전 철수하려는 것인지는 아직 알 수 없다'는 기사도 봤다. '이번 폐쇄 결정은

실직
도
시

152

한국 정부에서 자금 지원을 받기 위한 지엠의 압박 카드'
라는 분석도 봤다. '그럼 나는 어떻게 되는 거지?'

뒤이어 카허 카젬 한국지엠 사장은 "이번 조치(군산
공장 폐쇄)는 한국에서의 사업 구조를 조정하기 위한, 힘
들지만 필요한 우리 노력의 첫걸음"이라고 말했다. '그래
서 나는 어떻게 되는 거지?'

처음부터 궁금증은 유일했는데, '나는 어떻게 되는
것인가'에 답을 주는 뉴스는 없었다.

공장으로 차를 몰았다. 그의 차는 쉐보레 캡티바다.
3년 전에 직원 할인을 받아 샀다. 가족이 소유한 유일한
차다. 공장이 가족과 그 자신 삶 곳곳에 남긴 흔적은 이
런 순간에조차 선연하다. 최소한 차체 어딘가쯤 그의 수
고가 깃들었을 게 분명한 차 안에서 고현창은 아이들을
생각했다. 설이 지나고 나면 둘째 아들은 중학교에 입학
한다. 둘째를 생각하니 비정규직으로 들어와 발탁 채용
으로 정규직이 됐다는 소식을 아내에게 알리던 날도 생
각난다. 둘째는 그 소식을 알리던 13년 전, 아내 배 속에

있었다. 그 아들은 무사히 태어나 무럭무럭 자라, 공장에 나가는 일이 드물어진 아빠 걱정을 시작했다. 아빠의 무사함을 빌었다. "엄마가 수입 줄어든다고 걱정하는 걸 들었나 봐요. 실직이 뭔지는 잘 몰라도 집에서 노는 아빠가 그냥 불안하고 무서웠겠죠. 오히려 첫째는 무던한 편이라 별 말이 없었는데."

공장에 들어섰다. 노동조합 사무실로 갔다. 사람이 많지 않다. '이미 많은 동료들이 자포자기 상태라서 그런가 보다'고 생각했다. "근데 나는 그럴 수가 없었어요. 나는 발탁 채용이잖아요. 힘들게 왔잖아요. 쉽게 포기가 안 되는 거에요. 명절이고 뭐고 다 때려치우고 일단 공장에 있자. 조합에서 뭐라도 정보를 주워들어야 한다고 생각했어요."

조합에서는 "일단 싸워 보자. 버텨 보자"고 말했다. 싸우고 버티는 일이 뭔지는 잘 몰랐지만 일단 남들 따라 피켓도 들고, 구호도 외쳐 보았다. 버티기 위해 어색한 구호를 외치며, 동시에 "지금이라도 다른 일을 구해야 한다"는 생각도 했다.

'회사에 남는다'와 '희망퇴직을 받아들이고 새 일을 찾는다' 사이 모순된 마음과 행동이 정리되지 않고 툭툭 튀어나왔다. 희망퇴직을 하지 않는다면? 다른 지역 공장으로 전환 배치가 결정될 때까지 기약 없는 실직 상태를 버텨야 한다. 희망퇴직금도 받을 수 없다.

고민했으나, 사실 고현창의 답은 정해져 있다. 공장에 남기로 했다. 희망퇴직할 수는 없다. 힘들게 오른 정규직 자리에 대한 집념이 그만큼 컸다.

집념만으로 쉽게 1차 전환 배치 대상에 들 수 있을 것 같지는 않았다. 입사 시점, 자녀 수, 학자금 필요 유무 같은 것들이 전환 배치 순위를 가르는 기준으로 제시됐다. 따져 봤을 때 남들보다 점수가 낮은 것 같았다. 곁눈질을 그칠 수 없었다. 어디로 재배치되길 원하는지, 스스로 적어 내야 했다.

나름대로 전략을 세웠다. 공장 규모나 비전 면에서 부평 공장이 창원보다 나아 보였다. 남기로 한 이들 대부

분이 부평으로 마음을 굳혔다는 얘기를 들었다. 고현창은
"앞날의 비전보다 경쟁률 낮은 데를 쓰자"고 생각했다.

애들 학교 졸업할 때까지, 6년만 더 버티면 된다고
생각했다. 그래서 창원을 써 냈다. 아무리 비전이 없대도
6년 안에 창원 공장이 망하고, 군산 같은 일이 벌어질 것
같지는 않았다. 전환 배치를 희망한 650여 명 가운데 창
원으로 이전을 희망한 사람은 80명 정도에 불과했다.

정말 회사에 남을 수 있을지는 여전히 불투명했으
므로 아는 사람 소개로 다른 공장 면접을 보기도 했다.
회사에는 비밀로 했다. 회사와 동료에 대한 모종의 배신
같다고 생각했지만, 어쩔 수 없었다. 선택의 폭을 최대한
넓혀 둬야 했다

모두가 선택의 갈림길에서 갈급했다. 위로금을 받고 희망
퇴직을 결정할 것이냐. 회사에 남아 다른 공장으로 다시

배치되길 기다릴 것이냐. 선택할 시간은 길게 주어지지 않았다. 각자, 그리고 가족의 앞날을 둔 중대한 결정을 보름 정도 만에 내려야 했다. 회사는 희망퇴직 신청을 3월 2일까지 받기로 했다(이후, 4월 24일부터 30일까지 2차 희망퇴직이 실시된다).

정보가 충분하지도 않았다. 남는다면 다시 배치되기까지 얼마를 기다려야 할지, 몰랐다. 남는다고 모두가 정말 다른 공장으로 배치받을 수 있을지, 몰랐다. 새로 배치받은 공장에서 무슨 일을 하게 될지, 몰랐다. 그 밖에 세세한 조건 하나하나에 인생이 갈릴 텐데 모든 게 흐릿했다. 근거 없는 이야기만 흘러 다녔다. 지금 돌아보면, 결국은 헛소리였던 소문도 있고 그때 들었어야 했다고 후회할 법한 얘기들도 있다. "매일 술이었는데 어느 날 술을 먹고 있는데 노조에 있는 친구가 전화가 왔어. '남아서 끝까지 싸워야 한다'고 했어. 지금 생각해 보면 그 말이 어쨌든 전환 배치는 될 수 있다, 그런 말이었을까 싶기도 하고."(김성우)

용하다는 점집을 찾아가 봤다는 이들이 적지 않다.

"그때 평생 처음으로 점을 봤어. 근데 3년 동안 어찌해도 안 좋다는 얘기만 들었어요. 지금 돌아보니 점쟁이가 용하긴 용한가 봐. 안 좋기는 안 좋아. 정말, 정말 안 좋아."(정순철)

요컨대, 공장 폐쇄와 실직은 갑자기 벼락처럼 던져졌고 그 어리둥절함을 노동자는 뜬소문과 미신 따위로 메워야 했다.

냉정해졌다

박철수는 '그날' 회사에 출근했다. 공장은 한산했다. 생산 직급 가운데서는 가장 높은 관리자인 공장 직급이다. 한국지엠 공장의 정규직 생산직은 기술원-기술 선임(주임)-직장-공장 순으로 나누어져 있다. 소식을 들은 건 아침 회사에 도착해서다. 9시쯤 되니, 정신없이 휴대 전화

메신저 알람이 울렸다. 정보 빠른 동료들이 소식을 물어다 나르는 것이었는데, 몇 분 먼저 알게 된 소식이 큰 의미는 없었다.

직원들은 그에게 자꾸 물었다. "어떻게 해야 하냐"고 "어떻게 하실 거냐"고 했다. 옆에서 같이 일한 가장 높은 사람인 그를, 직원들은 동아줄로 여겼을 것이다. 구원자로 여겼을 것이다. 직원이라고 부르지만, 실은 그냥 동생 같은 사람들이다. 일터에서도 보고, 동네에서도 봤다. 같이 일했고 같이 놀았다. 생활을 공유했으므로 사정을 잘 안다. 아직 어린아이 두고 있는 직원, 갚아야 할 대출이 있는 직원…. 다급하게 묻는 얼굴에 각자 사정이 겹쳐 보였다. 다만 냉정해야 했다. 그들에게 아무런 조언도 해줄 수 없었다. 괴로웠다.

박철수도 나름대로, 친하다고 생각했던 회사 임원과 이야기해 봤다. '희망퇴직 쓰는 게 상책'이라고 임원은 말했다. 그의 말을 진짜라고 믿어야 할지 알 수 없었다. 임원은 임원대로 한 명이라도 더 희망퇴직서를 쓰게 해야 할 입장이라는 점을 함께 생각해야 한다. 회사 생활 30년이 넘었다. 게다가 그는 '처세에 능한 사람'이라는 평가를 일하는 줄곧 받아 왔다.

그리하여 결국 직원들한테 "모르겠다. 각자 선택해야 할 문제"라고 이야기하고 말았다. 딴에는 어느 한쪽으로 분위기를 몰고 가는 것만큼 위험한 일도 없다고 생각했다. 아무리 친해도 인생을 책임져 줄 수는 없는 노릇이다.

1년 넘게 지난 지금 돌아봐도 주제넘게 조언하지 않은 것만은 잘한 일 같다. "정말 나조차도 어떻게 해야 할지 몰랐으니까." 그 역시 다른 직원들처럼 희망퇴직서를 쥐고 밤낮 고민했다. 끝도 없는 질문과, 반박과, 재반박이 머릿속에서 돌고 돌았다.

고민은 나이와 직급이라는 조건을 동반한다. '나이가 많으니까 후배들 길 터 주려면 내가 나가야 한다. 그래도 여기까지 30년 왔는데 조금은 더 버텨야 하지 않나. 임원으로 퇴직하고 싶은 마음은 여전하다. 부평이나 창원 공장으로 가면 어차피 임원 되는 건 포기해야겠지. 그 공장에서 나 정도 직급이 할 만한 일이 있을까. 아니 직급이나 일 같은 건 상관 없다. 그냥 어디든 일이 있으면 돼. 아냐, 남는다고 이전 배치될지도 모르는 거잖아. 위로금 한 푼 없이 쫓겨나면 어떡해. 어차피 지엠은 한국에서 물 건너간 회사인데. 이 나이에 남겠다고 버둥대는 거 미련한 꼴이다.'

마지막 순간까지 우물쭈물하며 희망퇴직서를 내놓지 못했다. 접수 마지막 날이 왔다. 우체국 앞에서 서성대다가 문 닫기 직전, 희망퇴직서를 냈다. 서성대는 직원이 꽤 여럿 보였다. 결정은 했는데, 무슨 결심을 굳히고 한 건 아니었다. 그냥 그 순간 그래야 할 것 같았다. 가장 친하게 지냈던 공장 직급인 한철민도, 직장 직급인 김성우도 함께 희망퇴직을 결정했다는 점만이 조금 위로가 됐다. '희망퇴직하는 게 상책'이라던 임원은 회사에 남았다.

박철수, 한철민, 김성우는 희망퇴직서를 내고도 거의 매일 회사에 나갔다. 아침 7시 출근해서, 다 같이 모여서 체조하고, 주의 사항을 일러 주고 자잘하게 터지는 문제를 조율하고, 작업한 물량에 문제는 없는지 검사하고…. 너무 당연했던 일상은, 물론 아니다. 그저 할 일 없이 커피 한잔씩을 나눠 마시고, 공장을 쓱 둘러보다가 집에 갔다. 누구 하나 회사 나오라는 사람이 없고, 누구 하나 집에 가라는 사람이 없는 게 당연했는데, 서운했다. 그러고 있는 서로가 우스웠다.

희망찼다

그날, 한국지엠 군산 공장 폐쇄 발표를 TV로 보고 있던 협력 업체 창원금속공업 사무실은 고요했다. "무슨 말을 할 수 있었겠어요." 이정권 창원금속공업 이사는 회상하며 되물었다. 간간이 한숨 쉬는 소리가 들렸다. 몇몇 직원은 자리를 박차고 나가 담배를 피우는 것 같다. 지엠 군산 공장이 새로 출시한 자동차 금형을 찍기 위해 대당 6000만 원 정도 하는 기계들을 들여 놓은 지 1년도 채 되지 않았다. 조금이라도 보상받을 수 있을까 생각했지만,

보상받는다고 한들 큰 도움은 되지 않을 터였다.

"이제 정말 그만할 때가 온 것 같다"고 대표가 얘기한다. 2000년 대우차 부도도 버티고, 지역 부품업체 가운데 손에 꼽는 기업으로 이끌어 온 사람이다. 그가 약한 모습을 보이며 읊조린다. 18년 전 대우차 부도 때와 상황이 다른 것은 명확하다.

그때는 버티면 다시 예전으로 돌아갈 수 있다는 희망이 있었다. 다른 자동차 회사 어딘가 분명 공장을 인수할 테니까. 지금, 공장은 완전히 폐쇄됐으며 저물어 가는 내연 자동차 시장에서 공장을 인수하겠다고 나설 이는 당연히 없을 거였다. 나서는 이가 있대도 지엠에 버금갈 만한 대기업일 리는 없다.

사실 위기라고 부르는 것을 협력 업체는 이미 5년 가까이 겪고 있었다. 2013년 유럽 철수 이후 대공장의 생산 물량은 꾸준히 줄었다. 줄어드는 생산이 대공장 노동자한테는 잔업이나 특근이 줄어드는 정도였지만 협력 업체한테는 즉각 "자연스러운 구조 조정"으로 이어진다.

협력 업체에서 인력 감축은 누군가의 결단도, 이제 그만 나가 달라는 통보도 없이 행해졌다. 1주일에 고작 이틀, 사흘 일할 때 받는 임금이야 빤했다. "본래 받던 돈의 3분의 1도 안 된다."(이정권) 직원들은 자연스럽게 회사를 그만둔다. 붙잡고 싶은 사람, 숙련 노동자마저 잃는다.

그러므로 협력 업체는 저마다 오랫동안 살길을 찾아 왔는데, 본사와 거리가 멀수록 그나마 살길의 여지가 넓었다. 본사 통제가 느슨한 2차 협력사는 다른 기업의 일감을 받아다가 버틸 수 있었다. 1차 협력사인 창원금속공업은 한국지엠 눈치가 보였으므로 그럴 수 없었다. 그렇게 끌어 온 시간이 너무, 너무 길었다.

"석 달만 시간을 달라"고 이정권 이사는 대표에게 말했다. 이런 시점을 예상하고 있었는데 막상 구체적으로 준비한 것은 없다. 이제부터, 모든 것이 사라진 자리를 뒤집어 생각하기로 했다. 그 자리는 익숙하게 기대 왔던 공장이 사라진 자리다. 뒤집어 보면 불확실한 생산 물량도, 갑질도 없는 자리다. 그 틈에서 뭔가 해 볼 수 있지 않을까?

다른 협력 업체에 전화를 돌리기 시작했다.

가려졌다

한국지엠 비정규직 강민우가 자기가 속한 사내 하청업체 대표의 부름을 받은 것은 2월 26일이다. 이미 아수라장인 공장 한 켠에 있는 협력 업체 사무실로 들어갔다. 비정규직 노동조합 대신 꾸려진 노사협의회 위원들이 모여 있다. 그 역시 위원 가운데 한 명이다. "회사가 망해 계약이 해지된다. 3월 31일자로 해고된다"고 했다. 그 말을 다른 비정규직 직원들에게 전하라고 했다. 분위기가 격해졌다. 옆에 있던 다른 위원이 얼굴 붉혔다. "우리한테 전하라고 하지 말고, 전 직원한테 직접 일일이 다 얘기해야 되는 거 아니냐"고 외쳤다. 예상했던 일인데 생각보다 참담했다. 십수 년을 일한 일터와 작별이 황당하리만치 간편했다.

그 비명을 들어준 걸까. 비정규직 직원들한테 같은

날 오후 달랑 문자 메시지 한 통이 갔다. 집에서 아이들을 보고 있던, 비정규직 김남근의 휴대 전화도 울렸다. 해고를 적은 메시지를 먼저 본 건 아내였다. 아내는 말 없이 김남근에게 휴대 전화를 건넸다.

이틀 뒤 부랴부랴 비정규직들이 소룡동 용문초등학교 강당에 모였다. 해고당한 200명 가운데 190명쯤이 모였다. 어찌할 바를 몰라 우왕좌왕했다. 노동조합에 가입하지도 않았고 어떻게 싸워야 할지도 몰랐던 이들이다.

강당에서 누군가 "다 같이 시청으로 가자"고 했다. 시청에서 마련해 준 자리에 서서 어색하게 구호를 외치고 기자들을 찾아갔다. 문자로 받은 해고 통지서를 보여 줬다. 잠깐 화제가 됐다. 이 절박한 외침이 남긴 것은 변변치 않다. 회사는 각 직원 집에 해고 통지서를 등기로 보냈다. 최소한 문자 해고 논란은 피해 갔다.

이내 관심은 다시 정규직 희망퇴직자로 옮겨 갔다. 전체 경제 관점에서건(고연봉 제조업 일자리가 1000개 이상 사라진다), 극적인 관점에서건(퇴직과 잔류의 기로에 선 노동자), 조직력 관점에서거건(협상 가능한 노동조합) 비정규직과 비교되지 않았다.

급한 대로 비정규직 비상대책위원회를 만들었다. 비대위 위원장은 미국 디트로이트를 자비를 털어 다녀왔다.

"SAVE! Gunsan GM Workers & Their Families from Shut Down."(군산 지엠 노동자와 가족을 공장 폐쇄에서 구해 주세요!) 손으로 간절하게 문구를 쓴 팻말을 눈여겨보는 이는 적었다. 울타리에 가로막혀 회사에는 들어가 보지 못했다. 미국 제조업 몰락의 상징적인 도시 디트로이트가 "그래도 요즘은 좀 나아지는 것 같다"는, 큰 위로가 되지 않은 이야기 정도만 교민에게 건너 들었다고, 위원장은 전했다.

2008년 미국 노동자의 불행이 그들의 일이었던 것처럼, 2018년 한국 군산 노동자의 불행은 또한 그들만의 일이었다. 어쩌면 서로 경쟁하고 있는지도 몰랐다. 도널드 트럼프 미국 대통령은 군산 공장이 문을 닫자 트윗을

날렸다. "그들(지엠)이 한국에서 디트로이트로 돌아오고 있다." 누군가의 기쁨만큼 누군가의 고통을 더하는 천칭이 지구 반대편까지 뻗어 있다는 걸, 위원장이 풀어놓는 이야기를 들으며 강민우는 새삼 깨달았다.

정적

"그날 어디서 무엇을 하고 있었습니까?" 질문 뒤에 이어지는 건 대개 정적이다. 때로 짧게, 때로 생각보다 길게 소리는 비어 있다. 그 사이 사람들 얼굴에는 멋쩍은 미소가 스치기도, 아득한 눈빛이 감돌기도 했다. 전혀 생각지 못했던 공간에서 전혀 생각지 못한 일을 하며 사는 오늘이 비롯됐던 날. 그 이후 1년을 어떻게든 견뎌 낸 스스로가 대견하기도 하고, 여전히 그날의 자장을 벗어나지 못한 현실이 갑갑하기도 하다.

그날 이후, 무너지는 군산의 풍경은 한동안 적나라하게 전국에 알려졌다. 절망은 대개 도시의 역사를 잘라 낸 채 괴로운 현재를 집중해 조명했다. 실은 수십 년 동안 믿고 쌓아 왔던 질서를 따라, 마치 데칼코마니처럼 반대편으로 몰락의 무늬가 번져 가고 있다고, 군산 사람들 대부분 직감했다. 반성과 고민이 필요한 일이었다. 공장과 직접 맞닿은 사람들, 그리고 이들과 연결된 도시 곳곳에서 고통, 좌절, 논란, 반성, 고민이 시시각각 교차했다.

그날 이후, 그렇게 공장이 떠난 도시가 펼쳐졌다.

6장

이별

남은 사람 떠난 사람

우울함의 이유는 물론 상실일 터다. 그날 이후 무엇을 잃었는가. 가족이라고 말한다. 직원이라고 말한다. 동료라고 말한다. 결국 사람이다. 모였다 헤어진 사람들이다. 작별의 순간을 기억해 달라고 부탁했다. 잔인한 요청이다.

회복≠돌아가다

2018년 2월 발표에 이어, 5월 31일 한국지엠 군산 공장은 완전히 문을 닫았다. 자동차 공장과 군산 번화가를 둘러싸고 벌어지는 절망과 비명 속에서, 현대중공업 협력사 번영중공업 대표 김광중도 손끝 까딱하는 것조차 막

막하게 느껴지는 터널 속에 있다. 불행의 크기는 우리와 저쪽, 그때와 지금 어느 쪽이 클까? 현대중공업 군산 조선소가 가동을 중단한 지도 1년이 되었다.

도시는 자동차 공장이 무너진 뒤에야 제대로 세상의 조명을 받기 시작했다. 2018년 4월 군산은 '고용 위기 지역'이자 '산업 위기 대응 특별 지역'으로 선포됐다.

실은 자동차 공장이 문 닫은 '그날' 이전부터 '어떤 곳'들은 고통스러웠다. 버려진 채 방치된 침대 매트리스, 곳곳 임대를 내건 원룸들, 문 닫은 가게들은 도시가 세상의 주목을 받기 전부터 오식도동 원룸촌의 풍경을 이루고 있었다.

~~~~~~~~~~~~~~~~~~~~~~~~~~~~

현대중공업 군산 조선소가 2017년 6월 가동을 중단하고 5000여 명이 군산에서 일자리를 잃은 것으로 본다(전북 도의회). 한국지엠 군산 공장의 생산량은 2013년 이후부터 줄곧 내리막이었다. 공장의 정규직 노동자에게는 한국지엠이 군산 공장 폐쇄를 발표한 '그날'이 '그날'이었지만, 협력 업체와 그곳의 노동자들한테 그날은 제각각이다. 앞서 허물어지고 있었다. 다만 주목받지 못했다.

현대중공업 군산 조선소의 가동 중단이 상대적으로 주목받지 못한 이유는, 덜 고통스러웠다기보다 통곡의 크기가 상대적으로 적었기 때문이다. 노동조합의 목소리는 터져 나오지 않았다.

노동조합과 현대중공업 군산 조선소 하청 노동자의 관계는 느슨했다. 하청 노동자 문제는 조선업 노동조합의 묵은 숙제다. 사내 하청 노동자 문제를 둘러싸고 민주노총 금속산업연맹은 2004년부터 10년 가까이 현대중공업 노조를 제명하기도 했다. 현대중공업 사내 하청 노동자 박일수 열사가 스스로 목숨을 끊었을 때 현대중공업 정규직 노조가 비정규직과 연대에 나서기는커녕, 장례식장을 때려 부수고, 탄압했던 일이 결정적이다(《프레시안》, 박점규의 동행, '정몽준 왕국' 현대중공업 '어용 노조' 12년 만에 몰락). 정규직의 이해와 기업의 이해가 맞물려 그 바깥의 이들은 들어설 수 없는 해자를 쳤다. 노동 운동은 정규직 조합원 처우 개선에 머물렀다.

조합이 하청 노동자를 품지 않은 시기는 더군다나 조선소에 비정규직이 급격하게 늘던 시기와 겹친다. 군산 조선소는 노동자 80퍼센트를 비정규직으로 채웠다. 조선업이 비정규직으로 한창 재편되던 시점(2009년) 지어졌으므로 당연한 결과다.

2013년 현대중공업에도 민주노조가 다시 들어섰다. 돌아온 민주노조도 비정규직을 포괄해 노동조합을 재건하지는 못했다. 여전히 정규직 중심이었다. 정규직은 군산 조선소가 가동을 멈춰도, 울산 조선소로 자리를 옮기면 될 일이었다. "조합과 현대중공업 노동자 사이에 연결 지점이 많지 않았어요. 조선소가 가동을 중단하기 6개월쯤 전에야 소식을 알게 됐어요. 그나마 정규직인 조합원 500명 정도는 울산으로 가게 됐으니까 큰 반발이 있지는 않았죠. 하청 노동자는 조합원이 아닌 채 뿔뿔이 흩어져

버렸고요."(최재춘, 민주노총 군산지부장)

낱낱이 흩어져 조직되지 못한 노동자들, 도시에 대한 애착은 상대적으로 옅고, 일감이 끊기는 순간 항변 한번 제대로 할 수 없다. 그만큼 조선소 중단은 어렵지 않았다.

그렇다면 이제 사외 협력 업체가 남는다. 울산에 닥친 조선업 위기에서는 그나마 이들이 목소리를 냈다. 기성금(배의 건조 수준에 따라 주어지는 대금)이 줄거나 밀렸다. 하청 노동자와 본사 사이에 끼어 이들 역시 고통스러웠다.

애석하게도 군산은 10년도 못 채운 조선업 생산 기지다. 울산처럼 협력 업체의 역사가 길지도 않고 목소리를 내기엔 아직 미약하다. 그나마 규모 있는 사외 협력 업체는 울산에 본사를 두고 지점만 군산에 세운 곳들이다.

그러므로 군산에 모든 걸 걸었던 소수의 사외 협력 업체만 "그냥 조용히 망해 나갔다."(박건정, 군산조선해양협동조합 고문) 혹은 버텼다.

더군다나 아직 거대한 크레인이 남아 있다. 완전한 폐쇄가 아니라 가동 중단이란다. 희망을 놓을 수 없다. 다만 기다리는 시간이 길어질수록 체력은 소진되어 갔다. 사람을 잃었다. 진부하대도, 희망 고문이라고 적을 수 밖에 없다.

~~~~~~~~~~~~~~~~~~~~~~~~~~~~~~~~~~~~~

'직원들과 헤어진 순간은 기억이 나시나요?' 물론. 김광중 대표는 명확히 기억한다. 2016년 12월 섣달 그믐을 며칠 앞둔 날, 비응항에 있는 물고기자리 횟집이었다. 작은 회 한 접시를 시켜도 더 많은 반찬을 내오는 꽤 괜찮은, 단골집이다. 여기서 축하한 성공의 날도 적지 않다.

김광중은 그날, 이 횟집에 직원을 모두 불러 모았다. 공식적으로는 2016년 송년회라고 불렀다. 실은 송별회였다.

일감이 줄며 80명 직원 가운데, 1차로 20명 직원을 내보낸 상태다. 다시 남은 이들 가운데 40명을 내보내기로 했다. 2016년 말이면 아직 조선소가 완전히 가동 중단되지 않았지만 이미 협력 업체 일감은 거의 사라진 상태다. 더 이상은 무리다. 남는다 한들 더는 제대로 된 임금을 받고 일하기 어렵다는 걸 직원들도 안다. 회사를 떠나야 한다는 사실에 동의하거나 체념한 상태다. 그들도 그들 나름대로 살길을 찾아 나서야 했다. 그러므로 이 자리가 송년회 아닌, 송별회인 건 모두 알고 있었다.

그가 모은, 이 일의 목적이자 이유라고 믿었던 사람들이 그를 바라본다. 맥주 채운 잔을 각자 손에 쥐었다. 그럴듯하게 멋있는 말을 해야 했는데 자꾸 눈물이 나서 짧은 건배사 한마디 하기가 어려웠다. 손은 부들부들 떨렸다. 힘겹게 입을 떼었다.

"곧 다시 봅시다."

진심이었다. 조선소가 다시 가동되기만 하면 "제발 돌아와 같이 일할 수 있기를" 바랐다. 기술을 쌓으며 맺어 온 관계가 한순간 무너지려 한다. 관계를 놓치는 일은 공장을 포기하는 일과 다르지 않다는 것을 그도 잘 알고 있다.

언젠가 현대중공업이 돌아왔을 때 새로 사람을 구

하고, 기술을 가르치고, 이전과 같은 수준의 기술력을 인정받기는 쉽지 않을 것이다. 은인 같았던 울산과 거제의 장인들이 처음 공장을 열 때처럼 다시 한번 그와 함께해 줄 지도 모를 일이다. 무엇보다 한번 상처 입은 마음으로 그때 같은 열정을 쥐고 사람을 끌어 댈 수 있을지, 스스로를 믿기 쉽지 않았다. 끝을 알 수 없는 공백이란 그런 것이다. 관계를 하나둘 끊어 내는 시간이다. 돌아올 길이 막히는 시간이다.

공백에 대한 두려움은 대공장보다 협력 업체에서 컸고, 굳이 비교하면 자동차 공장보다 조선업에서 더 컸다. 더 많이 사람에 의존해야만 하는 곳일수록 더 두려웠다.

언젠가 어쩌면 대공장은 돌아올지도 모른다. 대공장의 자리를 채울 다른 기업이 나타날 수도 있다. 다만 그걸 이들 각자의 입장에서 '회복'이라고 적는 건 마땅하지 않다. 이미 겪지 않았는가. 대우가 물러나고 다시 지엠이 들어왔다. 다만 강민우 같은 이들은, '같은' 자리에 비정규직으로 돌아왔다. 공간은 같아도 처지는 완벽히 달라졌다.

군산 산업 단지의 정점을 이룬 조선소는 도시에 '사는' 사람보다 도시에서 '일하는' 사람을 중심으로 팽창했을 뿐이다. 회복의 시점이 온다 해도, 실은 교체라 불러야 마땅하다. 누군가 밀려나고 그 자리는 다른 이들이 채우는데, 그 다른 이들은 이전의 이들보다 불안한 자리에 있다. 군산이 통과해 온 2000년대가 그러했고, 앞으로 겪을 2020년대도 그럴 것이다. 기술은 단절되고 필요에 따라 재편된다. 단절된 기술의 가치랄지, 인적 구성의 변화 같은 것은 총고용량이나 매출액 같은 숫자로만 표현하는 '회복'이라는 단어에 포함되지 못한다.

그래서 이 공백의 시간, 사람들이 공장을 떠나 있더라도 끈을 놓지 않기를, 잊지 않고 기다려 주기를 김광중은 바랐다. 할수록 적자라는 사실을 알면서도 공장 문을 닫지 못했다. 스무 명 정도 인원을 남겼다. 기술의 명맥이 끊어지는 것만은 막아야 했다. 건설 구조물 같은 것을 만드는 일로 유지했다. 떠나는 직원들은 일단, '번영회'

라고 이름 붙인 모임을 꾸려 그래도 완전히 김 사장과 끈을 놓지 않겠다고 다짐해 줬다. 고마웠다. 언제까지 같은 마음일지는 불확실하다.

송별회가 끝나고 나서도 삶은 계속됐다. 공장 사무실 3층에 꾸린 기숙사에는 직원들이 남기고 간 헌 옷가지와 자잘한 세간만 남겨져 있다. 멍한 표정으로 기숙사 복도에 가만히 서 있는 날이 잦아졌다. 새벽같이 일어나 전 직원이 모여 체조를 하고 하루를 시작하고 장난치던 삶은 이제 없다. 그의 아내는 묵묵히 지켜볼 따름이다. "걱정은 됐지만요."

번영중공업 문을 나서면 왼쪽 멀리 보이는 크레인은 여전히 우뚝하다. 조선소 재가동에 대한 믿음 탓에 이러지도 저러지도 못하는 날들이 하루하루, 그저 흘러갔다.

완벽한 선택과 그 행로

김광중이 1년 앞서 겪었던 그 '헤어짐'을 자동차 공장 사람들도 공장 폐쇄 이후 겪고 있다.

　2018년 7월 1일 고현창은 전북 군산에서 210킬로미터 떨어진 창원 공장으로 이동한다. 성공한 것이다. 살아남은 것이다. 1차 전환 배치 대상에 포함됐다. 희망퇴직과 전환 배치 사이에서, 전환 배치라면 부평과 창원 사이에서, 창원 공장 전환 배치를 택한 건 최소한 그 시점까지 그의 자리에서 완벽한 결정에 가까웠다. 부평 공장을 선택한 동료들은 여전히 불안 속에 배치를 기다리고 있다. 희망퇴직한 이들은 아직 제대로 일을 찾지 못했다.

　고현창의 집이 있는 전북 전주에서 창원까지 가는 길, 운전은 아내가 했다. 차는 당연히 직원 할인으로 구입한 그 캡티바. 그는 조수석에 앉았다. 별 대화는 나누지 않았다. 작별이라고까지 생각하지는 않았다. 어차피 주말마다 돌아오면 된다. 아이들 대학 들어갈 때까지 6, 7년만 버티면 된다. 가족의 유일한 차는 아이를 챙겨야 하는 아내가 맡기로 했다. 도착한 대우 사원 아파트는 한국지엠 창원 공장과 남산천을 사이에 두고 면해 있다.

슬슬 걸어 다니면 된다.

아내와 차가 그를 낯선 땅에 두고 떠났다. 헤어짐의 순간은 요란하지 않았다. 그 흔한 가족 외식도 안 했다. 1991년에 지은 직원 아파트 공기는 퀴퀴했다. '그래도 혼자서 이만하면 됐다'고 고현창은 생각했다. 풀어 낸 짐에는 낚싯대와 골프채가 섞여 있다. 기왕 이렇게 된 것, 즐기며 살리라 다짐했다.

창원에 가서도 2주 정도 일을 시작하지 못하고 대기했다. 기존 창원 공장 노동자들이 불안해하고 있다고 했다. '군산 구조 조정 때 타협해 놔서 우리 노동 조건도 같이 안 좋아졌다.' '잔업과 특근을 줄일 만큼 여기 사정도 안 좋은데 새 사람 받을 여유 없다'는 이야기가 노조 게시판이나 사람들 입을 타고 번졌다. 창원은 창원대로 웅성댔다.

사람은 군산을 떠났다. 2016년 27만 7551명이었던 인구는 2018년 27만 2645명으로 4906명 감소했다. 2020년에 이르면 26만 7000명까지 줄어든다.

지엠 군산 공장 폐쇄로 종업원 2044명과 164개 협력 업체 종업원 1028명이 일자리를 잃었다. 조선소 가동 중단으로 종업원 760명과 협력 업체 종업원 4099명의 일자리가 사라졌다(한국고용정보원, '자동차 산업 지역 일자리의 고용효과 분석').

이들은 어디로 갔는가? 2018년 6월 30일을 기준으로 고용 보험 피보험자의 이동을 다룬 연구가 있다(한국노동연구원, '고용 위기 지역 산업의 일자리 이동 지도 구축 기초 연구'). 한국지엠 군산 공장 노동자의 전환 배치가 이뤄지기 전이므로 조선업 노동자의 이동이 좀 더 극적이다. 애초 자동차에 비해, 비정규직/물량팀 중심의 조선업 노동은 이동이 훨씬 쉬운 형태이기도 했다.

2012년 기준 고용 보험에 가입된 조선업 노동자

1247명 가운데 2018년에도 여전히 군산에 남은 이는 348명 뿐이다. 190명이 현대중공업의 기지인 울산 동구로 이동했고 현대삼호중공업이 있는 전남 영암으로도 58명이 떠났다. 일을 찾아 떠난 것이 확연히 드러난다. 만 15~29살 젊은 노동자의 이동이 특히 두드러진다. 부양가족이 존재할 가능성이 상대적으로 낮은 젊고 불안한 노동자들이 주로 떠난 것으로 추정한다.

자동차 산업의 경우 조선업에 견줘서는 지역 이동이 많지 않은 모습을 보인다. 조사 시점(2018년 6월 31일) 탓이 클 것이다. 또한 자동차 공장은 20년 넘게 도시에 존재했다. 그건 한국지엠 정규직 노동자가 가족과 생활 기반을 군산에 단단히 뿌리 박았다는 의미이기도 하다. 잃을 게 많아 떠나기도 쉽지 않다.

그러므로 상당수는 고현창 같은 지엠 군산 공장 노동자라기보다 협력 업체 노동자일 가능성이 높다. 2017~2018년 사이 군산을 떠난 노동자는 대개 한국지엠 공장이 있는 인천 부평(159명)이나 현대상용차 공장이 가까운 전북 익산(109명)으로 갔다. 군산에 있는 지엠 협력 업체는 부평에 모기업을 두고 있는 경우가 많다. 협력 업체가 군산에서 사업을 철수하며 떠나자, 협력 업체도 그 노동자도 따라 떠났을 가능성이 크다.

한국지엠 군산 공장 정규직 노동자 고현창은 가족과 생활 기반을 두고 용감하게 떠났다. 다시 공장 라인에 섰다. 군산에서 맡았던 차체 업무는 언감생심 넘볼 수 없었다. 조립 업무를 시작했다. 어깨나 팔 같은 큰 근육을 주로 쓰다 작은 부품을 쥐고 펴자니 손가락이 말을 안 듣는다. 총을 쏘듯 중지부터 새끼손가락까지를 구부리는 동작을 하면 뚝뚝 소리가 났다.

그런 채 1년을 지냈다. 불안은 가시지 않는다. 2019년 5월 말부터 일감이 줄어 창원 공장에서도 주말 특근은 사라진다. 곧 주간 2교대 근무가 1교대로 바뀔 거라는 소문이 돈다. 공장은 비정규직부터 차례로 직원을 내보낼 것이고, 근무 시간은 줄어들 것이다. 임금도 줄 것이다. "군산에서도 이랬어요. 2교대에서 1교대로. 비정규직부터 차례로." 누구보다 잘 아는 공장 축소의 수순이다. 예감대로 2019년 말 창원 공장은 비정규직 585명을 해고했다. 소형 SUV 차량이 창원 공장 일감으로 주어질 거라는 소문 정도가 그나마 희망이다.

흩어졌다. 불안하다. 고립감을 느낀다. 고현창은 그럴 때면 회사를 떠난, 회사에는 남아 있지만 아직 공장을 배치받지 못한 동료들을 떠올린다. 함께 군산에서 온 동료에게 묻는다. "한번 만나자고 해 볼까?" 하고 물으면, "만나서 무슨 말을 해. 서로 불편하지" 정도의 대답을 들을 뿐이다. 맞는 말이다. 그는 군산 사람들 보기에 성공한 전환 배치자다. 그의 염려와 고민은, 전환 배치를 하염없이 기다리거나 새로운 삶 앞에 허둥대는 군산 동료들에게 골 지르는 얘기에 지나지 않을 것이다.

여전히 옛 동료들과 묶여 있는 메신저 창은 남아 있

다. 대화는 오가지 않는다. 아직 공장을 배치받지 못한 동료 한 명은 일상을 알리던 메신저 소개 사진마저 모두 지웠다. 무슨 일이 있는 것 같았는데, 차마 묻지 못했다.

아내는 전주에서 일을 구했다고 한다. 한 정육 공장에서 고기를 포장하고 한 달 150만 원 정도 받는다. 군산 공장 폐쇄를 겪고 아내는 지독히 아끼고 모으려고 한다. 한번 겪었던 위기로 배운 건, 벌 수 있을 때 최대한 모아 둬야 한다는 것이다. 그런 아내 모습을 보며 밥은 최대한 회사에서 먹겠다고 다짐한다. 군산과 비교도 되지 않을 만큼 휘황찬란한 창원 도심에 나가 보는 일은 없다. 동료들도 그렇다. 다들 비슷하다.

잘 살리라 다짐하며 가지고 온 낚싯대와 골프채는 방 한쪽에 밀어 뒀다. 꺼내 볼 생각은 하지 않는다. 매주 볼 수 있을 것 같았던 가족은 동료들 차를 얻어 타고 한 달에 한두 번 정도 보고 오는 게 고작이다. 전주 집에 가 봐야 잠만 자다 돌아온다.

창원 사원 아파트와 맞붙은 편의점만 성행한다. 각

자 방에 틀어박혀 편의점 안주를 펼쳐놓고 혼자 술 마시고 잠든다. '술은 쓰다'고만 생각했던 고현창도 뒤늦은 나이에 술을 배웠다.

이런 얘기, 해 봐야 잘난 척이다. 고현창은 성공했다.

7장

풍경들

치킨집과 원룸촌

7번 버스를 타고 도시 곳곳, 답답하고 느리게 돌며 보았던 풍경을 이쯤 다시 떠올린다.

버스 창 밖으로 보이는 군산 풍경은 마치 두 부분으로 나누어진 이야기 같다. 1장이 수송동과 나운동, 구도심 일대라면 2장은 산업 단지와 그 한가운데 다소 생뚱맞게 자리 잡은 원룸촌이다. 1장을 지나 2장으로 접어들 때 시각적인 낙차는 상당하다.

생산 기지로 도시가 자리 잡는 동안 산업이 성장하는 모습을 따라 도시도 꼴을 갖췄다. 도시는 정규직과 비정규직, 대공장과 협력 업체, 토박이와 뜨내기를 품으며 성장했다. 정물화인 도시의 풍경에다가, 여기는 '그 사람' 동네, 여기는 '저 사람' 동네 하는 식으로 의미와 맥락, 이야기를 덕지덕지 갖다 붙이는 일은 피할 수 없다.

두 도시는 함께 저문다. 저무는 양상은 다소 다르다.

도시 1장의 서러움

1990년 나운동이 2000년대 수송동이 2010년대 조촌동이 아파트 단지와 상가로 개발됐다. 1장에 해당한다. 자동차 공장의 생애와 거의 겹친다. 군산의 주류적 삶을 드러낸다. 1장의 도시는 대공장 정규직이 살고, 놀고, 잠드는 공간이다.

공장이 완전히 폐쇄되고 2개월 뒤, 한국지엠 정규직 노동자였던 정순철은 그런, 수송동에 치킨집을 차렸다. 살고, 놀고, 잠들었던 동네에서 이제 일을 한다. 해야 한다.

대우차 시절부터 따지면 20년 넘게 한국지엠 군산 공장은 군산 도심의 아파트 단지와 상가를 떠받쳤다. 자동차 공장에 군산 토박이 상당수가 취업했다. 이전까지 산업 기반이 변변찮은 탓에 전주로 익산으로 나가 있던 젊은이들이 돌아왔다. 조선소와 달리 노동자 대부분이 정규직이기도 했다.

노동자들은 2000년대 중반 전국적인 부동산 붐을 타고 지어진 아파트를 그래도 한 채 정도는 쥘 수 있었다. 이들을 믿고 도시에는 여느 신도시 못지 않은 상점가가 들어섰다. 특히 아웃도어 의류 매장이 우후죽순 생겼다고들 했다.

자동차 노동자들은 여가와 휴식을 군산 안에서 누렸다. 군산의 도시적 특성이 더해진다. 활황의 시기, 군산의 직주 불일치 수치는 16퍼센트로 전북 지역에서 전주를 빼면 가장 낮다.(2012년 2분기 기준. 이정섭·은석인 '전라북도 14개 시군의 일자리 창출과 직주 불일치에 관한 연구') 독립적인 생산—

거주 구조를 이룬 도시가 된 셈이다.

자동차 공장의 폐쇄는 군산의 분위기를 주도하던 중산층 가족의 위축을, 군산 도심부의 공포를 의미했다.

2018년 1분기 112.9였던 군산 서비스업 지수는 한국지엠 군산 공장 폐쇄 이후인 3분기 100.2까지 떨어졌다. "한국지엠이 무너졌다는 건 자영업도 안된다는 것"(김성우)이라는 판단이 당연했다. 한국지엠 공장이 문을 닫기 직전(2018년 4월) 희망퇴직 신청자 190명에게 물으니 창업을 희망한 이는 7.4퍼센트(14명)였다. 90.5퍼센트(172명)가 다시 임금 받는 노동자가 되길(재취업) 원했다(전북 인적자원 개발위원회, '2018년 군산 자동차 위기 업종 대상 상시 수요 조사 결과 보고서').

바람과 현실은 다르다. 2019년 12월 말 기준 군산시의 고용 보험 피보험자 수는 5만 9692명으로 작년보다 3130명 늘었다. 제조업 피보험자는 감소했다. 늘어난 건 사회 복지 서비스업, 도매 및 소매업 등 서비스업이다. '피보험자수가 증가했지만 질적으로 보면 주로 개인 사업자가 늘어났기 때문으로 판단된다'(군산시·호원대학교, '군산시 고용 위기 지역 운영성과 및 평가'). 노동자가 되지 '못'한 사장님이 많다는 얘기다.

~~~~~~

정순철도 자영업의 불안정성 모르지 않는다. 희망퇴직금으로 치킨집을 차린다니! IMF 이래 숱하게 듣고 보아 왔던 전형적인 실직자 고난의 경로가 아닌가. 그 역시 실직 직전까지는 재취업을 최고로 쳤다. 역시 재취업할 일자리는 마땅치 않았다. 제조업 기반이 무너진 도시에서 이전 수준은 아니라도 그에 버금가는 일을 찾기는 쉽지 않다. 서비스업은 상대적으로 문턱이 낮았다. 일단 희망퇴직금이라는 목돈도 들어온 상태다.

보증금 8000만 원에 권리금 6000만 원 정도를 주고 수송동 롯데마트 뒤 상가 건물에 자리 잡았다. 원래 살던 지곡동 아파트는 세를 주었다. 가게 근처 새 아파트를 전

세로 구해 이사했다. 노동 시간을 따져 보니 출퇴근 시간을 넣을 자리가 없다. 가게에 드는 이런저런 비용에 집세를 더하니 얼추 회사에서 나오며 받은 희망퇴직금을 거의 썼다. "가게를 좀 비싸게 들어온 것 같아. 세상 물정을 잘 모르다 보니 타협도 제대로 못해 봤어요."

간간이 '동료 누구누구가 사기를 당해 희망퇴직금을 다 잃고 강원도로 숨었다더라' '실직자를 상대로 사기를 치고 다니던 브로커들이 덜미를 잡혔다더라' 하는 소문이 들렸다. 그 정도 손해를 입지 않은 것만 해도 다행이라고 쳤다.

2018년 7월 치킨집 문을 열었다. 걱정했던 것보다 초반 장사가 꽤 잘 됐다. 한국지엠 다닐 때와 비교해 벌이가 크게 줄지 않았다. 초보 사장한테는 좀 놀라운 일이었다. 그때는 그 이유를 깊게 생각해 보지 않았다.

고통은 생각과 좀 다른 데서 도졌다. 도저히 개인적인 시간을 낼 수 없었다. 누구 하나 자신의 노동 조건을 챙겨주지 않았다. 자영업이 스스로 몸을 갈아 넣어야만 그럭저럭 유지될 수 있는 일이라는 걸 실감했다. 아무나 할 수 있는 일이 아니었다.

　많은 사람들이 그렇게 살고 있었을 텐데, 공장 안에서 지내 왔던 삶과 비교해 보니 격차가 컸다. 낮 2시쯤 가게에 나와 장사 준비를 하고 5시 문을 열고, 새벽 1시쯤 가게 문을 닫고, 집에 가서 늦은 밥을 먹고, 잠든다. 아니 잠들려 한다. 잠이 안 와 "뒤척이다 3시는 넘어야 잠이 드는 것 같다"고 했다. 눈 뜨면 다시 아침이다. 공장 습관이 남아서 서너 시간 만에 눈을 뜬다. 멍한 상태로 다시 장사 준비를 시작한다. 이런 일상이 하루도 빠짐없이 돌았다. 주말은 없다. 휴가도 없다. 단 하루도 쉬지 못한다. 정순철은 앞서 적었듯 "돈보다 중요한 건 가족과 여유"라고 생각하는 사람이다. 가족을 위해 여유를 포기해야 한다. 여유를 포기하니 가족과 멀어지는 것 같다. 무언가 잘못된 것 같지만 출구를 찾을 수 없는 막막함이 그런 사람, 정순철한테 놓여져 있다.

　가족에 얽힌 크고 작은 얘기들이 군산 도심을 떠돈

다. "한 아이가 시무룩한 표정인 거예요. 실직자 자녀였어요. 왜 그러니, 물었더니 풍물을 배우고 싶은데 부모님한테 악기 살 돈을 달라고 해도 괜찮을지 모르겠다고. 아이들도 다 알아요, 눈치채고 있어요. 걱정하고 있어요."(정건희, 군산 청소년자치연구소장)

갑자기 어린이집에 아이가 말도 없이 나오지 않고 가족들이 도시에서 사라지는 일도 있었다고. "어린이 키울 만한 집들이 도시를 떠나는 경우가 좀 많아서 폐원 위기인 어린이집도 있어요."(김선화, 군산 여성인력개발센터장)

가족뿐만 아니다. 종종 정순철 가게를 찾던 친구들도 하나둘 떠나 버렸다. 회사에 남기로 했던 이들 가운데 몇몇은 부평으로, 창원으로 마침내 전환 배치받아 떠난다. 분명 잘된 일인데, 축하하는 웃음에 진심이 도무지 안 담긴다.

"제일 친한 형이 창원 간다고 가게에 왔어요. '나 한가해질 때까지 기다려' 하니까 1시 반까지 기다려 줬어요. 한잔했죠. 둘이 앉아서 얘기하다가요, 근데. 끌어안고 울어 버렸어. 근데 울면 뭐혀. 형님도 바쁘고 나도 바쁘고 이제 못 보는 사이가 돼 버렸지."

울면 뭐혀. 20년 넘게 쌓아 온 우정이 하나둘 무너지는 건 생각할수록 새삼 "서운하다기보다, 뭐랄까 서러운 일"이다.

2018년 겨울, 장사 6개월 차에 이르렀다. 몸에 한계가 온 것 같았다. 참을 수 없이 배가 아리고 토가 쏠렸다. 그렇다고 손님을 몰아내고 갑자기 가게 문을 닫을 수 없었다. 새벽 1시까지 버티고 응급실에 가서 쓰러졌다.

회복 못한 몸으로 다음 날 가게로 나갔다. 하루치 장사를 다시 준비해야 한다. 미련스럽게 양파를 썰었다. 불안해서 다급하게 선택한 창업이, 지금껏 지내 온 과거와 결별하는 굵은 선을 자기 삶에 그어 놓는 일이었다는 것을 다시 생각했다. 이제 한국지엠 정규직 정순철은 없으며, 그런 과거는 잊어야 한다. 또 눈물이 터졌다.

도시 2장의 적막

7번 버스를 타고 관람하는 도시의 2장, 산업 단지. 시작점을 이루는 거대한 공장과 설비의 압도적인 풍광은 점점 익숙해졌다. 공장 사이에 있는 주거 단지 원룸촌의 적막은 좀체 익숙해지지 않는다. "불야성 같았다"(기업은행 오식도동 지점 직원)는 말을 믿을 수 없다. 몇몇 남은 외국인 노동자와 떠돌이 개가 간간이 보인다.

구태여 사람들이 퇴근했을 법한 저녁 늦은 시간 원룸촌을 찾아 본대도 적막은 낮과 다름없다. 어둠이 내려 쓸쓸함은 한층 더하다. 50공원, 51공원…. 숫자로 이름 붙인 공원에는 잡풀만 무성하다. 오식도동에 조성한 공원의 대장쯤 되는 현대중공업 바로 옆, 오식공원 사정도 다르지 않다. 혼자 가만히 노래를 불러도 부끄럽지 않다. 잠깐 무슨 기척에 흠칫 놀랄 수도 있지만, 그저 바람 결에 풀 부딪는 소리다.

오히려 점심시간 즈음해서 잠시 맛집으로 소문난 식당 몇 곳(순댓국집과 생선구이집이 제법 유명하다)이 붐빌 따름이다. 작업복 입은 사람들이 밥 먹고 가게 앞에 내어 놓은 테이블에 앉아 믹스커피를 마신다. 점심시간이 지나면 물론 흩어진다.

적막한 저녁과 한산한 낮, 반짝 활기를 띄는 점심시간이 이르는 바는 명백하다. 이 공간은 삶이 아니라 일에 붙어 있다.

오식도동 원룸촌을 배경으로 살던 사람은 대개 비정규직 노동자다. 자동차 협력 업체 노동자이거나 대개는 일감을 찾아 떠도는 조선소 비정규직이었다. 일감이 모이는 곳에 사람은 재빠르게 모인다. 이들의 집합은 빠른 속도로 도시의 불빛을 더했다. 최소한의 생활 여건을 갖춘 원룸이 속속 들어서고, 조금 어설픈 패널 건물들에 술집이며 마트며 자리 잡았다.

일감이 사라지는 순간 사람은 빠진다. 갑작스럽게 동네의 풍경이 뒤바뀐다. 즉, 동네 전반이 노동의 굴곡을 따라 지체 없이 변동성에 휘둘린다.

오식도동 원룸 주인 류관영은 그렇게 믿었던 조선

소의 생리에 배반당했다. 건물 계약이 퇴짜 맞으며 시작됐던 '조선소가 떠나는 것인가'하는 의구심은 점차 커지다가 마침내 사실로 굳었다. 그리고 또 몇 번 출렁임이 있었다.

무려 4000명 넘는 조선소 비정규직 노동자가 사라졌다. 다만 조선소 노동자의 공백을 메울 약간의 호재가 곧이어 있었다. 산업 단지의 또 다른 대표 기업인 OCI가 산단에 열병합 발전소를 짓고 있었다. 발전소를 짓는 건설 노동자가 들어와 빈방을 한동안 채웠다. 역시 일용직 노동자였다. 머물 사람이 아닌 건 분명했다.

어쨌든 투룸은 44만원, 원룸은 33만원씩 받을 정도로 사람은 있었다. 월요일부터 금요일까지 원룸촌과 상가도 나름 활기찼다. 주말이면 가족을 찾아 떠난 노동자들이 빠져 조용했다. 건물주 입장에서야 임대료만 끊기지 않으면 될 일이었다.

발전소 공사가 마무리되고 건설 노동자는 조선소 사내 하청 노동자처럼 다시 쑥, 빠져나갔다. 감춰졌던 위기가 수면 위로 떠올랐다. 방이 비었다. 그래도 수도세며 전기세며 인터넷 비용이며 공과금은 꼬박꼬박 낼 수밖에 없다. 건물을 지으려 받은 대출 이자도 매달 갚아야 했다.

빠져나가고 들어오고, 다시 빠져나가는 속도가 무서울 정도다. 새삼 깨달았다. 무언가 짓고 만드는 공간은 아니었대도, 그의 원룸 건물은 완벽하게 산업 단지 공장들, 건설 현장과 명운을 함께한다. 기업과 노동의 변동성을 그 어떤 지연 없이 곧장 반영한다. 호황의 끝물 가장 늦게 들어와 불황과 함께 가장 먼저 철수한, 놀랍도록 유연했던 조선소의 짧은 생애와 그의 원룸은 함께했다. 쉽게 모이고 쉽게 흩어지게끔 만들어진 노동자 개개인의 삶 또한 그의 원룸 건물의 흥망에 녹아 있다.

다만 차이가 있다면 그에게는 빚으로 지은 건물이 있고, 이제 여생을 이 공간에서 살고자 했으며, 그러므로 공장과 사람을 따라 함께 오식도동을 벗어날 수 없다는 점뿐이다.

무슨 일이 있는 것 같다

정순철의 시간은 갑갑하고 외로운 채로 어쨌든 흘렀다. 2019년 봄이 다시 돌아올 즈음 그동안 괜찮았던 매출마저 급감하기 시작했다. 영문은 정확히 알 수 없다. 치킨집만 그런 게 아니다. 옆 가게도, 그 옆 가게도 사정이 비슷하다고 했다. 족발집 사장과 이런저런 추측을 해 보았는데, 가장 타당한 추론은, "실업 급여가 끝나 간다." 한국지엠 실직자들에게 허락된 구직 급여 지급 기간이 끝을 보이고 있다.

토박이 누구에게라도 낭만과 열정의 대상인 오랜 역사의 도시는, 어느덧 생산 기지 노동자의 삶을 중심으로 재구성됐다. 삶이 휘청이는 순간 함께 흔들리고, 버틸 힘이 사라지는 순간 함께 무너진다. 노동 정책 하나마저 가게에 영향을 미친다.

고용 센터로, 면접장으로 정신없이 돌아다니던 그의 동료들에게 무슨 일이 벌어지고 있는 게 분명했다.

8장

정체성

어디서 무엇을 할까

한 사람의 정체성을 이루는 것. 어쩌면 당연한 것들. 주변 사람들, 그들이 말하는 나, 나와 닮은 그들의 모습, 속한 곳, 속한 곳의 분위기, 몸, 몸의 상태, 그에 따른 기분, 마음의 상태, 소리, 들리는 이야기, 하는 이야기. 그리고 일, 일을 통해 얻은 것들, 생각한 것들.

이 모든 것들은 당연할 때 구태여 생각을 더할 필요가 없다. 나는 당연히 그런 사람, 너도 당연히 그런 사람, 우리는 그런 사람. 변하는 시점, 변해야 할 시점에 이르고서야 나와 우리는 어떤 사람인지 다시 생각한다. 어떤 사람이 될 수 있는지 묻는다.

유예 1년

김선화 군산 여성인력개발센터장이 사무실에 앉아 숨을 돌린다. 군산에서 나고 자랐다. 잠깐 전주로 가서 대학을 다니다가 다시 군산으로 돌아왔다. 산업 단지 공장의 비교적 직급 높은 사무직이나 공공 기관에서 일하는 군산의 적잖은 이들이 비슷한 과정을 거쳤다. 여전히 전주는 전북 지역 교육의 중심지다. 군산을 떠나 전주에 머문 시간에 군산 사람 김선화는 생각했다. "역시 참 다르구나, 군산 사람은." 그 생각을 요즘 다시 자주 한다.

"한국지엠 실직자 가족한테는 더 유리한 취업 기회가 있는데, 막상 오셔서도 실직자 가족인 걸 밝히지 않는 분이 적지 않아요. 재취업에 성공하고 잠적하는 분도 계시고. 왜 그럴까 왜 그럴까 생각을 해 보다가 그때 들었던 생각을 다시 해요."

군산 사람이라면 끈끈하다. 또한 폐쇄적이다. 토박이가 많다. 대개 멀든 가깝든 연이 닿아 있다. 은근 서로를 의식한다. 생산 기지로 커 온 지역의 중소 도시에는 한국의 여느 대도시 같은 익명의 정서가 자리 잡지 못했다.

더군다나 군산 사는 지엠 정규직이라면 비슷한 생애 경로를 겪어 왔다. 그 경로에서 누가 이탈하고, 누가 살아남고 하는 일은 그동안 별반 생각거리가 되지 못했다. 대개 같았으니까. 군산을 이루는 자동차 노동자 중산층 가족의 전형이 있었고, 전형이므로 크게 벗어나지 않았다. 그런 도시에서 이제 모두 제 갈 길을 찾는다. 분화해야 한다. 서로 달라질 것이다. 두려운 일이다.

한때 지엠 공장 노동자의 아내, 이제는 실직자의 아내인 여성을 대상으로 일자리를 소개하는 김선화 센터장한테 그 견고한 정서는 스트레스다. 다만 무척 이해된다. 그 역시 군산 사람이니까.

그래도 "이제 조금씩 적극적으로 구직 활동에 나서고 계세요." 더는 유예할 수 없다. 2019년 3월, 한국지엠 군산 공장이 떠난 지 8개월, 노동자의 퇴직 시작부터 치면 10개월 넘게 지났다. 실직자의 위기감을 유예했던 실업 급여(구직 급여) 지급 기간(240일)이 끝나 가고 있다.

"그런데, 그래서 정말 위기는 지금부터가 아닐까요."

～～～～～～～～～～～～～～～～～～～～～～～

2018년 4월 고용노동부는 군산을 고용 위기 지역으로 지정했다. 자동차, 특히 조선을 경제의 중추로 삼았던 도시들(거제, 울산 동구, 군산, 통영·고성, 창원 진해구, 목포·영암·해남)이 고용 위기 지역에 포함됐다. 고용 보험 피보험자 증감률이 전국 평균보다 5퍼센트포인트 이상 낮거나, 구직 급여 신청자 수가 20퍼센트 이상 늘어나는 등 조건을 충족한 지역들이다. 결국 자동차와 조선을 주력 산업 삼은 제조업 생산 기지 도시들이 전부다.

고용 위기 지역으로 선정된 도시는 물론 정부 지원을 받는다. 실직자의 경우 구직 급여 수급 기간이 늘어난다. 혹시 직업 훈련 기간이 더 길어진다면 훈련 연장 급여를 받을 수 있다. 생활 안정 자금을 최대 2000만 원까지 빌릴 수 있고(통상 1000만 원), 구직 서비스인 취업 성공 패

키지에도 자기 부담 없이 참여한다. 사업주한테 주어지는 고용 유지 지원금도 더 많은 기업을 대상으로 더 후하게 (휴직 수당의 90퍼센트 등) 준다. 다양한 훈련 프로그램도 마련됐다. 당장 김 센터장이 꺼내 보인 카탈로그에는 떡 만들기나 코딩 같은 여성 취업 훈련 프로그램이 빼곡하게 들어차 있다. 심지어 한국지엠 군산 공장 정규직 퇴직자는 경우에따라 천차만별이기는 해도 2억 원 정도 되는 희망퇴직금까지 받았다.

경제 위기 이후 응급 대응이라 할 만한 시스템은, 그러므로 발동되었다. 당장 거리로 나앉을 상황인 이는 군산에 흔치 않다. 하룻밤 자고 일어나니 삶이 완벽하게 바닥으로 내리 꽂히는 일은 벌어지지 않았다. IMF를 겪었고, 세계 금융 위기를 겪었고, 조선업 구조 조정을 겪었고, 무엇보다 평택을 겪고 난 뒤에 벌어진 공장 폐쇄다. 뭐라도 해야 한다는 사실을 모두 잘 알았다. "제2의 평택이 돼선 안 된다. 제2의 쌍용차 사태만은 막자. 서로들 그런 얘기를 하면서 정신없이 온 것 같아요."(김선화 센터장) 군산의 공공 기관이랄지 학계에서도 비슷한 얘기를 줄곧 들었다. 쌍용차 정리 해고 이후 평택에서 2019년까지 30명이 스스로 목숨을 끊었다. 한국지엠 군산 공장이 문을 닫고 1년 동안 군산에서 1명, 인천 부평에 1명이 같은 길을 따랐다. 극단적인 비극은 물론 있었지만, 만연하지는 않았다. 정규직 실직자의 경우 오히려 '새 일자리를 잡으려는 움직임이 절박하지 않다'는 점이 걱정거리로 떠올랐다. 그런 게 정규직 노동자 혐오의 근거가 되기도 했다. 응급 대응은 일정한 성공에 이른 것처럼도 보였다.

다만 그 유예의 시간은 2019년에 이르면 끝을 보이기 시작한다. 여전히 군산은 고용 위기 지역이지만, 한 사람이 받을 수 있는 혜택은 일시적일 수밖에 없다. 긴급 조치의 목적은 '버틸 시간'을 벌어 주는 것이고 버틸 시간은 무한정 길어질 수 없다.

예를 들어 한국지엠 실직자 대부분의 구직 급여는 8~10개월짜리다. 훈련 연장 급여가 2년까지 주어진대도 여기까지 받는 경우는 드물다. 연장 급여를 받으려면 훈련을 통한 재취업 가능성이 있는지, 이전 1년 동안 직업 훈련에 참여한 적이 없는지, 고용 기관의 상담을 세 차례 이상 받았는데도 취업에 실패했는지 같은 조건을 꼼꼼히 증명해야 한다. 2019년 군산에서 집행된 훈련 연장 급여는 1억 원 정도에 그친다. 꼼꼼한 건 어쩔 수 없다. 언제까지 버티는 일에 재정을 투입할 여력은 없으니까.

그렇다면 답은 재취업 혹은, 자영업뿐이다. 재취업이라고 해 봐야 이전 같은 일자리는 사라졌으므로, 다른 직업을 찾아야 한다. 다른 삶을 살아야 한다. 머뭇댄다. 정규직은 한층 그렇다.

여론은, 머뭇거림을 조롱했다. 인정. 그들은 누군가 보기에 고임금에다 안정적인 삶을 보장받으며 일했다. 귀하게 일한 탓에 스스로 제 일 하나 찾지 못한다. 대체 왜 그들을 보듬어야 하는가.

그들의 주저하는 마음을 돌아보는 일은 정규직 노동자를 향한 과도한 온정이 아니다. 도시의 위기는 버틴다고 끝나지 않는다. 그렇다면 전환해야 한다. 도시가 산업 구조를 전환한다면 사람은 자리를 바꿔야 한다. 두려운 일이다. 내디뎌야 할 새로운 일과 자리에 대한 확신 없이 움직이기 쉽지 않다.

전환 앞에 놓인(놓일) 모든 곳, 모든 사람이 이르게 될 질문을, 군산 사람, 조롱받는 정규직은 조금 빨리 시작했을 뿐이다.

털 숭숭 내 손

정규직 노동자 김성우와 박철수와 한철민의 1년, 마음을 치던 많은 생각을 듣기로 한다. 다시 인터뷰를 정식으로 해 보자고 말을 건네며(이전까지는 "나 오늘 녹음기 꺼 놔요" 선언하듯 외치곤 그냥 놀았을 뿐이다), 덧붙였다. "그때 기사 댓글이 계속 마음에 걸렸어요."

2018년 말 김성우와 동료들 이야기를 처음 기사로 썼을 때, 댓글은 역시나였다. 차마 다 적을 수 없다. '꼴

좋다'는 내용 정도로 축약하기로 한다. 그때 짧은 신문 기사는 간단한 구조로 짜였다. '정규직으로 평생 살아 온 50대 언저리에 실직이 닥쳤다. 열심히 교육 훈련만 받는다. 나이 탓에 재취업 기회가 막혀 있다. 지역을 떠나면 일자리가 있다지만 임금 수준은 너무 적고 생활비도 부담된다.' 행간의 많은 말이 삭제됐다. 더해졌대도 좋은 반응을 구할 수 있었으리라고 생각하지는 않는다.

대기업 생산직 관리자 출신, 중산층이라는 위치 자체가 그저 비난의 대상이 될 수밖에 없는 한국 사회는 엄연하다. 많은 이들이 가닿지 못하는 꿈 같은 일터를 이들은 한때나마 쥐고 있었다. 정규직의 불행을 바라보며 얹는 조롱의 말은, 어쩔 수 없다. 그래도 듣고 전하기를 포기하고 싶지 않았다.

"어쩔 수 없지. 별로 상처 안 받았어. 공장님들은 좀 서운했을 수 있겠지만." 김성우는 씩씩하게 말했는데, 그럴 리 없었을 것이다.

박철수는 여전히 새벽같이 눈을 떴다. 눈을 뜨며 매

일 생각했다. "바보 같다." 학창 시절 운동을 했다. 박철수는 셋 중 가장 덩치가 크다. "평소에는 유쾌하다가도 일할 때는 독사 같았다"던 사람이다. 활력이 넘쳤다.

실직자 박철수의 목소리는 술기운이 돌기 전까지 잠겨 있다. 자식들도 다 자라 나름대로 밥값은 제 손으로 벌고 있다. 희망퇴직금도 적지 않으니, 그저 지금 일을 멈춰도 경제적으로 아주 큰 문제가 생길 것 같지는 않다. 그런데도 의기소침한 표정이 셋 중 가장 두드러진다.

"정말 나는 이 회사에서 내가 임원까지 할 줄 알았어." 공장 안에서 정해 놓은 목표는 명료했다. 사실 거의 손에 쥔 거나 다름없기도 했다. 공장이 멎고 당연했던 삶의 경로가 끊겼다. 이대로 멈출 수 없다. 멈추는 일이 죽는 일처럼 느껴졌다. 독사 같았던 사람이라 더 그런지도 몰랐다. 당연했던 목표와 현실의 간극이 너무 컸다.

멈출 수 없어서 그답게, 독하게 자격증 공부를 했다. 위험물 안전 관리사, 지게차 운전 기능사 자격증을 땄다. 경비 교육을 받았고, 요양 보호사 자격증도 땄다. 변하고 싶었다.

그 숱한 자격증을 말하다가, 슬쩍 본심을 내비친다. "요즘 요양 보호사 어떤 것 같아?" 그는 그런 일을 하고 싶다. 대기업 공장 임원이 되겠다는 게 아니다. 사람을 돌보는 일을 하며 살면 좋겠다고 생각했다. 그의 아내가 오랫동안 장애인을 돌보는 일을 했다. 그 역시 쉬는 날에는 복지 기관에서 봉사 활동을 해 왔다. 이전의 삶과 전혀 다른 일이지만, 그 일이라면 변화를 감당할 수 있을 것만 같다. 그런데.

"요양 보호사 실습 교육받으면서 옆에 죽 둘러보는데, 중년 남자가 나밖에 없는 거야. 창피했어." 굵직하고 털이 숭숭한 자기 손가락이 문득 부끄러울 때면 합리적인 이유를 찾아보려고 했다. "사회 복지 일자리는 고령화에 따라 점점 수요가 많아질 거고 남자는 부족하다고 하잖아." 맞는 말이다.

창피함을 견디고 자격증을 따 왔으나 요양 보호사로의 전직은 머뭇거린다. "원래 노인 봉사 되게 즐겁게

8

8 — 정체성 : 어디서 무엇을 할까

219

열심히 하던 동료가 있었어. 그 친구는 한 200만 원 받으면서 요양 보호사 시작했다더라고. 어제 전화해서 '뭐하냐?' 물어봤더니 '똥 귀저귀 갈아' 그러더라고. 말투가 짜증이 난 투여. 일이 되니까 괴로운 거야. 봉사로 할 때는 좋아도."

한국보다 앞서 지엠 홀덴 공장 폐쇄를 겪은 호주 애들레이드는 제조업 노동자를 수요가 큰 사회 복지 일자리로 옮기는 작업도 했다는 이야기를 전문가에게 들은 적 있다.

선진국이 된다는 것. 제조업은 설계와 개발 중심의 고부가 가치 산업으로 재편되고 단순 생산직 노동자는 밀려난다. 동시에 고급 대면 서비스랄지, 사회 복지 수요는 커진다. 그러므로 이렇다 할 전문 숙련이 없는 생산직 노동자의 사회 복지 노동자로의 이동은 이론적으로 마땅하다. 우리나라에서도 꽤 전부터 이야기되던 아이디어다.

'사회 복지를 확대하면 마침 제조업 부문에서 방출되는 인력에 제공할 일자리도 생기므로 일석이조의 성과를 거둘 수 있다.'(KDI, 이승훈 서울대 경제학부 명예교수, '산업 구조 조정과 사회 복지 시대의 일자리 창출')

달리 무슨 방도가 있겠는가. 자동차 제조업은 더는 중년 노동자의 노동력을 환영하지 않는다. 중년의 자동차 공장 실직자가 다시 예전 수준의 제조업 일자리로 복귀할 통로는 막혀 있다. 신입조차 뽑지 않는 추세다. 그나마 아직 기계가 대체할 수 없고 고령화로 수요가 높아지는 사회 복지는 더 많은 인력을 필요로 한다. 숙련 형성에 아주 오랜 시간이 걸리지 않으므로 중장년이라도 괜찮다.

박철수도 이런 사정은 알고 있다. 다만 한국 사회에서 일이 지닌 사회적 인식은 엄연히 계층화돼 있다. 상대적으로 열악한 사회 복지 일자리의 처우와 환경이 문제가 된다. 또한 일에 대한 젠더 구분이나 고정 관념을 깨기가 쉽지 않다.

정말 바라는 직업을 애써 삼키며, 박철수는 일단 모델 하우스 경비 일에 지원했다. 그 얘기를 하자니 기분이 좋다. 이번에는 될 것 같다. "모델 하우스 가 보니까 밤에는 아무도 없더라고. 놀러 와서 자고 가도 될 정도로 잘 꾸며 놨어. 각자 말해 봐. 몇 평에서 잘래?" 우리는 더 넓은 평수를 경쟁하듯 불러 대며 신나게 떠들었다.

그런 박철수를 지켜보는 김성우한테는 새 일이 생겼다. 청소업체를 차렸다. 구도심 변두리에 창고를 겸해 사용할 사무실도 하나 냈다.

그 역시 부끄러움 때문인지, 처음에는 그저 "집안일을 하고 있다"고 했다. 술을 마시다가 거리로 나와서 바람을 쐬며 고백하듯 말했다. "실은 요새 청소 일 시작했어."

친환경 청소를 강점으로 앞세운 청소업체다. 세제 하나도 비싼 걸 쓰는 정성 어린 마음을 다짐했다. "다행이에요." 고백(?)한 날은 어딘지 씁쓸한 미소를 띄었는데 자기의 새 일, 청소를 대하는 태도가 짧은 시간 눈에 띄게 달라졌다는 점은 미리 적어 둔다. 그날 열 오른 얼굴에 닿는 봄바람은 아무튼 상쾌했다.

원래 청소 일을 해 왔던 두 사람과 자본금을 나누어 마련했다. 동업이다. 비교적 초기 자본이 적게 든다는 게 마음에 들었다. 지금은 주로 아파트 입주 청소를 하고 있다. 목표는 한 달에 한 번씩 정기적인 일감이 될 만한 건물 청소를 더 따내서 안정적으로 사업을 안착시키는 일이다. 1년 전까지 상상도 할 수 없던 고민 속에 산다. "네이버 광고를 하려는데, 이게 또 액수가 만만치 않더라고." 일하는 모습을 구경하고 싶다고 졸랐다.

미룡동 48평 아파트, 그의 30평대 아파트 바로 근처, 실직자 아닌 청소 노동자 김성우를 처음 만난 장소다. 일을 시작하기에 앞서 구령을 외치고 준비 운동을 하는 것만은 공장 다닐 때와 비슷하다. "체력적으로 힘든 일이야. 다치면 큰일이니까, 준비 운동은 필수."

흰 등산용 셔츠에 일하기 위해 새로 산 3만 9000원짜리 진보라색 운동화를 신었다. 긴 드라이버와 걸레 뭉치를 꽂은 검은 가방까지 허리춤에 걸치고 나니, 제법 청소 노동자 태가 난다.

김성우는 이날 안방 청소를 맡았다. 언제나 가장 큰 문제는 창틀이다. '스샤샤샥' 수세미로 밀고, '이번에는 부디' 하는 마음으로 밀어 낸 자리를 걸레로 훔친다. 여전히 곰팡이는 남아 있다. "이건 속까지 곰팡이가 파먹은 거라 어떻게 해도 안 된다"고, 청소 베테랑인 동료가 일러 주지 않았다면 아마 이 일을 시작한 첫날처럼 네 시간 동안 창틀 하나를 붙들고 있었을 것이다. "마음에 안 들어." 괜히 혼자 읊조린다. 걸레 다섯 개 정도 너절해진 뒤다. 꼼꼼한 성격은 공장을 나와도 변함없다.

청소 베테랑인 동료를 보며 머리로는 깨우친다. 이 일, '하고자 한다면 누구나 할 수 있어도 제대로 하려면 아무나 할 수 없는 프로의 세계'다.

며칠 뒤 만난 김성우는 조금씩 사람들에게 청소 일 한다고 말하고 있다고 했다. 주변에 알리지 않으면 일감

얻기 쉽지 않다. "이 바닥은 홍보가 생명이다. 2년 안에 결판내지 않으면 이 일에서도 떠나야 한다." 움츠러들고 싶은 마음을 머리로 누른다.

장항에 있는 한솔제지, 군산의 한국지엠. 지역에서는 당대 최고 직장이랄 만한 곳을 다녔던 옛날을, 숨을 혁혁 들이켜는 사이 되짚는다. 그건 뭐 다 지난 일이다. 어쩔 수 없이 가장 큰 걱정은 체력이다. "체력적으로 너무 힘들어서 언제까지 버텨 낼 수 있을지 모르겠다"고 고민한다. 그렇다고 여기서 또다시 밀려날 수는 없다. 군대 간 아들이 곧 휴가 나온다. 마흔아홉 그의 나이는, 50대 중반에 접어드는 다른 두 동료들보다 더 애매하다. 이대로 벌써 일을 놓을 수는 없다. "아주 그렇게 돈이 없지는 않지만, 그래도 아직 가장이고 아들 대학도 졸업시켜야 되니까. 뭐라도 일을 하고 있어야 해."

한철민의 표정은 둘보다 밝다. "돌을 줍는 일을 하고 있지. 돌을 주워." 그답게 의뭉스러운 말투에 의아해하는데, "모아 둔 돈을 털어 건물을 한 채 샀다"고 했다. 군산에서 금강 너머 장항에 있는 상가 건물을 마련했다. 새로 산 건물을 이래저래 수리하고 있다. "내가 원래 꿈이 당구장 차리는 거였는데, 우리 같은 사람은 소심하잖아. 주저주저하는데 역시 아내가 대범해. 아내가 확 사자, 그래서 건물을 샀어. 보니까 건물 입주한 상가들의 구성이 좋더라고. 구성이 좋아. 고깃집도 있고."

그 역시 앞으로 무사히 당구장을 차릴 수 있을지, 건물 운영을 제대로 해낼 수 있을지는 "모르겠다." 그래도 "평소 별로 꿈이 크지 않았다"는 그에게 이 정도 행로는 퍽 괜찮게 느껴진다. 자기 건물에 입주한 고깃집 청소는 김성우에게 맡겼다. 김성우는 진심과 장난을 반쯤 섞어 투덜댄다. "공장님이 소개해 줬는데 아유, 고깃집은 환기 후드 청소가 엄청 괴로운 덴데. 나 고생시키려고."

위기 이후 대응은 어떠해야 하나? 1990년대쯤이라면 아주 쉬운 대답이 있었다. 실직과 폐업 앞에 모두가

226

동일한 고통을 겪을 거라고 전제한다. 경제적 궁핍. 다만 이 문제는 다른 일을 찾으면 끝난다. 그러니 돈을 쥐여 주고 재취업까지 버틸 힘을 마련해 주면 그만이었다. IMF 외환 위기 이후 20년 우리는 그런 식으로 위기 대응 체계를 마련해 왔다. 다행히 경제의 총량은 위기 이후 몇 년의 시차를 두고 회복했고, 일자리는 늘어났고, 어떤 사람들은 그 회복에 올라탔다(물론 그 재취업의 행로가 많은 경우 사회 안전망 바깥 비정규직이기는 했다).

군산의 위기는 좀 더 복잡한 질문을 던진다. 실직 이후 일정한 시간을 버티고 나서 노동자는 어디로 가야 하는가? 갈 곳은 어떤 곳인가?

전과 같은 경로로 제조업 도시의 회복을 기대할 수 없기 때문이다. 이 나라 제조업이 사람을 더 많이 필요로 하지 않는다는 사실을 인정할 수밖에 없기 때문이다. 제조업의 시대 수혜를 누렸던 숱한 노동자들이 이제 완연한 중년에 접어들었기 때문이며, 막상 실직하고 보니 홀로 설 수 있는 기술은 없기 때문이다.

그러므로 '다른' 일을 해야 한다. 다른 일 앞에 세 사람이 반복해서 말하는 건 "눈을 낮추고 있다"는 것뿐이다. 무엇을 '하고 싶다'는 말은 감히 쉽게 꺼낼 수 없다.

실직자의 새 일 찾기, 즉 전환은 '눈을 낮추는 일'과 동의어다. 이건 그들 각자의 불행일 수 있다. 그래 봐야 이들이 당장 경제적 빈곤에 접어들지 않았으니, 괜찮은 것 같기도 하다. 다만 옮길 자리, 가야 할 일자리가 그저 삶의 내리막으로 느껴지는 사회에서 전환 혹은 구조 개혁이란 것은 가능할까.

요양 보호사든, 청소 노동자든, 당구장 주인이든 하고 있는 일이 최소한의 기쁨과 자존감을 가져다주기를 이들은 바란다. 바람은 이기적일 수 없다. 적어도 선진국이라는 나라에서 일이 지녀야 할 최소한의 보편적인 존엄, 같은 것을 이들은 생각하고 있는 것이다. 조금은 덜 눈치 보고 더 편한 마음으로 '이제는 달라졌다'는 세상에서 필요로하는 자리로, 이동하고 싶을 뿐이다.

네버 엔딩 해고

~~~~~~

세 사람과 사뭇 다른 자리에서 비정규직의 '실직 이후'
는 비교적 괜찮아 보인다. 한국지엠의 비정규직, 특히
30~40대 젊은 축에 속하는 노동자들은 정부와 고용 기
관에 '모범적인 케이스'로 불린다. 독려하고 관리하지 않
아도 알아서들 새 일자리를 구했다. "2019년 초까지만 해
도 별다른 움직임을 보이지 않아 애태웠던 정규직 노동자
와는 확실히 결이 다르다."(김정환, 군산 고용위기지원센터 팀
장) 비정규직으로 살아 왔기에 임금과 처우에 까다롭지 않
고, 희망퇴직금을 받지 못해 다급했으며, 무엇보다 옮겨
지는 것에 익숙했기 때문이라는 분석이 뒤따른다.

~~~~~~

공장이 떠난 이후, 정규직 노동자들은 비정규직 노

동자의 민첩함을 부러워한다. 동시에 어떤 세상의 이치가 실직 이후 이들과 스스로의 차이를 갈라놓은 것은 아니었을지 되새긴다. 기억에는 미안함도 꽤 섞여 든다. "세상에 나와 보니 정규직들이 완전 뒤쳐져 있지. 공장 안에서도 정규직이 등한시하는 힘든 일을 비정규직들이 더 많이 했으니까 능력 면에서도 낮다고 봐. 생존 능력 자체가 강한 것도 사실이고."(박철수)

강민우, 김남근, 정석인도 그렇게 정부나 정규직 입장에서는 부러운, 또한 미안한 비정규직일지 모르겠다. 각자 부두 노동자, 아파트 관리 사무소 직원, 시내버스 운전 노동자로 재취업했다.

강민우와 김남근은 공장 폐쇄와 거의 동시에 새 일자리를 구했다. 정석인도 2018년 10월께 버스 운전을 시작했다. 마침 주 52시간제 시행으로 시내버스 회사들이 급하게 운전자를 구하고 있던 때였다. 운이 좋았다.

20여 년 전 IMF 외환 위기가 낳은 노동자로 볼 수 있는 이들은 새로운 경제 위기 앞에서도 잘 적응한 것만 같다.

　물론 낯선 일 앞에 겪는 고생은 이들도 마찬가지다. 강민우는 군산항 부두에서 화물 차량에 짐을 배정한다. 1년 전과 사뭇 다른 스트레스를 겪으며 일을 익혀가고 있다. "쉬운 일이라고 했는데, 하다 보니까 꽤 스트레스가 많은 일이에요. 처리하기 까다로운 화물을 받은 기사들은 싫은 티를 많이 내죠. 한 사람한테 어려운 화물이 몰리지 않도록 적당히 배분하고, 한 번만 봐달라고 설득해야 해요. 조금씩 익숙해지고는 있어요."

　공장 라인에서 엔진을 만들며 십수 년을 보내다가 사람 상대하는 일을 하자니 매사 어색하다. 언젠가 그가 자신을 자연스럽게 '부두 노동자 강민우'로 소개하는 날이 올지도 모르겠다. 다만 아직까지 자동차 노동자로 불리는 게 더 익숙하다. 어쩔 수 없다. 자동차 공장은 너무 오랫동안 그의 삶을 규정했다. 공장과 멀어지고 가까워지고, 때로 고마워하고 때로 증오하며 삶의 절반 가까이 얽혔다. 그 얽힘은 쉽게 지울 수 없는 기억이다.

무엇보다 해고 과정을 도저히 받아들일 수 없었다. 새 일에 정착하고도 해고의 순간만큼은 잊을 수 없다. 해고는, 네버 엔딩이다. 잘린 기억을 끊임없이 되새겼다. 예의 없는, 비합리적인, 납득할 수 없는 해고는 그런 것이었다.

비정규직들은 모여서 근로자 지위 확인 소송을 벌였다. 한국지엠의 비정규직 고용이 실은 불법 파견이었고, 그러므로 우리 역시 정규직이었다는 것을 인정받기 위한 소송이다. 3년치나마 정규직과 임금 차이를 보전받기 위한 임금 차액 청구 소송도 같이 진행한다.

그저 감내하며, 만족의 기준을 줄이는 데 익숙했던 강민우도 이번만큼은 참지 않았다. 한국지엠 쪽이 아닌 협력 업체 대표 말 한마디로 내쳐진 기억, 나란히 옆에서 일했던 정규직에게 주어졌던 희망퇴직금이나 퇴직 이후 삶에 대한 배려를 전부 받지 못했다는 충격이 컸다. "그냥 그런가 보다 하고 지내 왔지만, 나가는 마당에까지 이런 차별을 겪으니까, 정말 내가 어디서 무엇을 위해 15년

을 일해 온 것인가 싶었던 거예요."(강민우)

소송은 공짜가 아니다. 정규직에 견줘 10분의 1에
도 못 미친대도, 회사가 뒤늦게 마련한 위로금 1000만
원을 포기해야 한다는 것을 의미했다. 십시일반 소송비
용도 마련해야 했다.

강민우를 형처럼 따라 온 김남근에게는 특히 쉽지
않은 결정이었다. 그는 홑벌이로 아이 둘을 키운다. 아내
는 일을 멈추고 대학에 다니고 있다. 간호조무사 일이 적
성에 맞아, 좀 더 공부해 간호사가 되고 싶다고 했다. 아
내의 꿈을 이뤄 주고 싶었다. 아내가 대학에 간 지 2년 만
에 공장이 문을 닫았다.

무엇보다 소송을 결심할 즈음, 한국지엠은 전환 배
치를 바라는 정규직마저 소화하지 못하는 회사였다. 끝
내 한국을 버릴 가능성이 크다. 승소한다고 해도 돌아갈
공장이나 남아 있을까. 고민 속에 적잖은 비정규직이 소
송을 포기했다.

김남근은 어느 저녁 아내에게 고민을 털어놓았다.

"나 그냥 한번은 우리도 그 공장 일하는 사람이었다는 거 알려 주고 싶어. 근데 우리 처지에 위로금 1000만 원, 큰돈이잖아." 아내의 표정은 평소처럼 담담했다. "그 돈 없어도 돼. 하고 싶은 대로 해. 그거 맞는 일이니까." 결심을 굳힌 계기다. 그도 민우 형을 따라 소송장에 이름을 올렸다.

일이란 나에게 무엇이었나? 어쩌면 너무 오랜 시간 미뤄 둔 질문에 답을 찾는 분투라고 비정규직들은 생각했다. 그들의 숙제이기도 하지만 세상의 숙제이기도 하다.

다시 우리는 일의 존엄을 생각한다. 정규직들이 세상에 처음 내쳐지며 느낀 존엄 없는 일의 비루함을, 비정규직은 과거를 거슬러 곱씹으며 깨닫는다.

일의 의미를 돌아보는 사람들의 도시에서 박철수는 결국, 모델 하우스 경비직에서 떨어졌다. "나는 좀 기대를 했었고. 내가 이 정도 스펙이면, 경비 교육도 다 받았고 했으니까, 만족스럽겠지 했는데. 전화가 안 와." 3일 동안 전주에 있는 전북대학교까지 가서 총 24시간 경비 교육까지 받았건만. 그런 시간들이 외려 사람을 더 우습게 만들었다. 마음은 한층 움츠러든다.

8 — 정체성 : 어디서 무엇을 할까

9장

1년

전환과 머뭇거림

2019년 5월 31일. 공장이 떠난 지 1년이 되었다. 어떻게 든 다시 일자리를 얻은 이들과, 그렇지 못해 초조한 이들 과 지난 시절을 반성한 이들과, 그리워하는 이들과, 다시 무언가를 해 봐야겠다고 결심하는 이들이 엉킨 도시에 따뜻한 볕이 내린다. 늦은 봄볕만은 동국사 앞마당에, 산 업 단지 신항만에, 문 닫은 공장 철문 앞에 공평하게 부 서진다.

봄날에 공장 이후를 말하는 목소리에는 여전한 머 뭇거림, 애써 불안을 떨치려는 다부짐이 뒤섞여 있다. 어 느 쪽이 될지는 불확실하다. 전과 같을 수 없다는, 새로운 걸 만들어 내야 한다는 다짐만 명료하다.

도시와 군산 사람들은 무언가 '해야 한다'. 더는 주어진 충격에 반응하고 적응하는 피동으로만 있을 수 없다.

마약을 끊기

"그러니까 속내를 모르겠으니까. 짐작만으로는 할 수 있는 일이 많지 않을 것 같고." 김현철 교수 한숨이 깊다. 국내 1세대 자동차 전문가로 1994년 군산대학교에 자리 잡았다. 김 교수는 연구실에 앉아 누군가와 통화한다. 잠자코 그를 쳐다본다.

김현철 교수가 군산에 자리 잡을 때 마침 대우자동차가 군산에 터를 잡고 공장 건설을 준비했다. 공장의 흥망을 지켜봤다. 그는 지역의 이름 있는 산업 전문가일 뿐만 아니라 지역 시민 운동에도 관심이 많다. 점점 군산 시민 운동 기반이 미약해지는 것도 걱정거리다. 시민과 지역과 기업은 한데 얽혀 있어야 했다. 기업만 빛난 시간이 너무 길었다. 25년 넘게 산업 단지를 중심으로 펼쳐진 지난 시간에 대한 학자의 평가는 냉정하다.

"지역이 대기업 생산 기지만 가지고 성장하는 모델은 10년짜리라고 봐요. 자동차도 조선도 결국 산업 사이클이 있고, 하강기에 접어들면 의사 결정 기구 같은 핵심적인 기능이 없는 지역 생산 기지부터 잘려 나가죠. 그리고 다시 호황이라면서 돌아올 거예요. 그런데 그렇게 돌아와 봤자 비정규직으로 채우는 경우가 허다해요. 또 떠나야 하니까. 이런 성장은 마치 마약 같아요. 달콤하니 반복하고, 반복하면서 계속 나빠지는."

2017년 군산의 제조업 종사자는 군산 전체 노동자의 23.4퍼센트다. 사업체 수를 기준으로는 8.8퍼센트다. 산업 및 고용 위기 지역으로 지정된 도시 대부분 그렇다. 10퍼센트도 되지 않는 제조업 사업체가 많게는 절반 넘는(울산 동구나 거제 같은 조선업 도시가 특히 두드러진다) 고용을 흡수

한다. '일부 대기업이 해당 지역의 제조업 전체를 견인해 가는 상황으로 해석할 수 있다. 지역의 제조업 대기업의 위기가 곧 지역 경제 위기로 파급될 가능성이 큰 것을 의미한다'(고용노동부·한국노동연구원, '지역산업 및 고용 위기 지역 지원 대책의 고용 효과').

그런 일은 벌어졌다. 대우가 저물 때, 한국지엠이 대우 공장의 자리를 대신했을 때, 현대중공업 조선소가 들어올 때, 조선소가 물색없이 멈춰 버렸을 때, 매번 벌어졌다. 우려했으나 멈출 수 없었다. 그사이 시민은 정규직, 비정규직, 하청업체 노동자, 대공장 노동자, 자영업자, 청년, 중장년 같은 특성에 따라 서로 다른 시점과 양상으로 충격을 겪었다. 이들의 목소리가 한데 모일 공간은 변변치 않다. 이야기하고 스스로 결정하는 경험이 희박했으므로. 이토록 끈끈한 군산에서조차 서로의 고통을 추상적으로 느낄 뿐이다. 서로의 고통이 추상적일 때 내 고통 너머를 보기는 쉽지 않다.

일마 라팔루 전 말뫼 시장은 전환을 시도하려면 시

민 중 누구도 '이 의사 결정에서 나는 배제됐다'고 느끼지 않도록 하는 것이 가장 중요하다고 했다. (우리나라는) 지역민들이 '공동체'를 위한 토론 및 결정 과정에 참여한 경험이 거의 없다는 점이 근본적이 문제다. 당장 나는 손해를 볼 수 있더라도 장기적으로 우리 지역이 지속 가능성을 얻고 후손들이 오래 그 수혜를 누릴 것이라는 생각으로 의사 결정에 참여하는 사람이 많아야만 전환의 시도를 할 수 있을 것이다.'(LAB2050, '쇠락도시 위기에서 탈출한 도시들: 말뫼, 빌바오, 포틀랜드, 히가시오사카')

~~~~~~

떠나가는 대공장을 바라보며 지역 경제에서 시민과 지역의 자리를 되찾겠다는, 더는 휘둘리지 않겠다는 다짐은 자연스럽다. 과정은 순탄치 않다. 우리에게는 그런 경험이 없다.

한국지엠 군산 공장 자리를 전기차 기업 명신이 사

들였다. 소문과 궁금증이 파다했다. 무엇을 하려고 하는
가, 도시와는 어떻게 관계 맺고자 하는가. 김현철 교수
연구실을 처음 찾은 2019년 5월까지 무엇 하나 불투명
했다. 어쨌든 그 불투명한, 그러나 가장 중요한 기업의
의도를 공백으로 둔 채.

　　김현철 교수는 '군산형 일자리'를 구상하는 작업에 몰
두하고 있다. 고민스러운 통화는 그런 작업의 단면이다.

군산이 이제 막 전환의 방법을 고민하고 있을 때, 국내 지
역 상생형 일자리의 시작이 되는 '광주형 일자리'가 광주
글로벌모터스를 설립했다. 이 회사에서 노·사·민·정이
협력해 적정 임금, 적정 근로 시간, 노사 책임 경영, 원·하
청 관계 개선이라는 4대 의제를 지키는 일자리를 만들기
로 했다. 현대차가 자본금 19퍼센트를 출자했다.

　　출자 비율에 견줘 현대차의 영향력이 크다는 점, 기

존 자동차 노동자 임금 수준을 '적정 임금'이라는 이름으로 낮춘다는 점을 노동계는 우려했다. 갈등했다. 갈등은 봉합되지 못한 채 사업은 진행됐다. 이전과 다를 게 무엇인가. 결국 대기업 유치를 통한 기초 자치 단체의 일자리 창출(그것도 상대적으로 적은 임금의) 사업으로 변질됐다고 비판받았다. 그마저 없으면 어떻게 할 것인가. 일자리는 모든 걸 잃은 지역에 절박하다고 도시는 반박했다.

~~~~~~

　　이 정도 혼란을 이런저런 보고서와 기사에서 읽고 간 터다. 사실 고민스러운 주제였다. 낯설어서. 일자리에 있어 지역과 시민의 목소리를 반영한다는 건 좀 이상한 일 같았다. 일자리라면 산업의 결과물로 여겼다. 우리에게 익숙한 질문은 지역은 산업이 들어오기에, 그리하여 일자리를 창출하기에 적합한 조건을 가지고 있느냐다. '기업하기 좋은 도시'는 숱한 지역이 가장 잘 보이는 자리에 적어 넣는 구호다. 지역과 시민은 기업하기 좋은 도시를 만들기 위해 애쓸 뿐이다. 선택권은 기업에 있다.

군산에 머무는 동안, 질문은 뒤집혔다.

지역에게 일자리는 무엇인가. 사람에게 일자리는 무엇인가.

산업과 일자리는 들고 나길 반복한다. 도시를 쓰다듬고 할퀴고 지나간다. 들고 나는 산업과 일자리에 따라 모습은 바뀐대도, 아무튼 도시는 그 자리에 머물 수밖에 없다.

그리고 도시에는 "제가 군산에서 태어나…"로 운을 떼는, 이해하기 어려운 도시에 대한 정념을 표현해 대곤 하는, 차마 도시에서 떠날 수 없는 25만 명의 사람이 있다. 그들이 엮는 수억 개의 관계가 있다. 사람을 위해, 이 숱한 관계를 위해 일자리가 존재할 수도 있는 거였다. 거기 맞는 일자리를 지역이 구상할 수도 있는 거였다.

김현철 교수는 그런 것을 찾아 헤매는 중이다. 우선 군산형 일자리에서 지우고 가야 할 것과 지켜야 할 것을 정한다.

대기업 한 곳의 생산 기지에 머무는 방식은 안된다. 노동자의 격차, 기업 간 격차를 벌리는 산업은 안된다. 지역에서 경영과 노동에 관한 의사를 결정할 만한 토대를 만들어야 한다. 작아도 지역에 뿌리 박은 기업 여러 곳이 자생력을 가지고 있었으면 좋겠다. 일이 사람 사이를 더 단단하게 해 주길 바란다.

같은 잘못을 반복하지 않겠다는 시도가 군산만의 바람에 그치지 않는다면, 보편적인 것이라면, 그건 군산의 실험을 넘어 한국 사회의 실험이 될 터였다. 더 나아가 큰 변화를 맞는 세계 산업과 노동, 도시 정책 일반의 실험이 될지도 모를 일이다.

물론 신중한 김현철 교수가 그런 포부를 밝혔을 리는 없다. 통화하며 갑갑해하는 표정을 유심히 살펴보다가 역시 혼자, 망상에 빠졌을 따름이다.

되어지는 주인공

군산형 일자리가 아직 안갯속을 헤매는 동안 산업 단지 사람들은 각자 주체로 서기 위해 분주하다. 실은 '주체가 되어진다'는 이상한 표현이 적합한데, 더는 그들을 쥐고 흔들 대공장이 없기 때문이다. 그 안에서 뭔가 스스로 해내야 했기 때문이다. 한국지엠 협력 업체 창원금속공업 이정권 이사야 말로 이 정신 없는 불행에서 어떻게든 희망을 건지겠다고, 주인공이 되겠다고 나선 참이다. 조금씩 성과가 나온다.

그를 처음 만난 날은 부총리 일정을 따라 심드렁하게 군산의 풍경을 취재했던 2018년 10월이다.(김성우를 만나기 직전이었다.) 공무원과 기자단이 그의 공장에 우르르 몰렸다. 너무 많은 사람 사이에 묻혀 그의 모습이 도드라지진 않았다. 그의 회사 대표가 멈춘 기계 앞에서 "대기업 없이 우리끼리 할 수 있는 무언가를 해 보려고 한다"고 이야기했던 기억 정도가 남아 있다.

"처음에는 부총리 방문을 우리 회사도 거절했어요.

보여 줄 게 없으니까. 그런데 선뜻 나서는 다른 회사가 없는 거에요. 돌고 돌아 다시 우리 회사로 연락이 왔어요. 어쩔 수 없이 알겠다고 했죠. 우리밖에 없나 보다, 싶어서."(이정권)

비참의 본보기가 되는 것은 꽤 큰 용기가 필요한 일이었을 것이다. 그런데도 그럴 수 있었던 이유는 다시 우연히 만나고서 알았다.

2019년 4월 전라북도청에서 열린 '전북형 일자리 심포지엄'에 이정권이 앉아 있었다. 여러 발제자들 사이에 '자동차 대체 부품 협의회 부회장'이라는 명패를 앞에 두었다.

한국지엠 군산 공장이 무너지던 날, 회사 대표에게 "살길을 찾기 위한 3개월의 시간만 벌어 달라"고 했던 그날 이후 1년 동안 많은 일이 있었다.

석 달 고민 끝에 이정권은 두 가지를 생각했다. 일단 급한 대로 현대·기아차 2차 협력사로 등록하기로 했다. 자존심 상하는 일이었다. "우리 회사가요. 그러니까 차체 분야에서는 한국지엠 1차 협력사 중에서도 1등 하는 회사였어요. 품질 상도 가장 많이 받았고요. 그런 회사가 2차 협력사로 등록하겠다고 아등바등하게 된 거에요. 얼마나 자존심 상하는 일이겠어요. 사실 수지도 맞지 않아요. 국내 자동차 협력사는 외국 기업에 비해서 마진 자체가 적은데 2차 협력사는 더 적으니까요. 그래도 다른 사업 안정될 때까지 공장은 돌려야 하니까. 최소한의 사람들은 남겨 둬야 하니까."

180명인 직원을 30명 수준으로 줄였지만, 그마저 모두 내보내고 공장을 멈출 수는 없었다. 새로 무언가 시작하기 위해서라도 최소한의 발판은 남겨 둬야 했다.

'어떻게든 문 닫지 않고 공장을 유지하는 일'은 노동자뿐 아니라 협력사 입장에서도 중요하다. 아직 포기하지 않은, 다시 살아나기를 바라는 공장이라면 노동자 한 명이 아쉽다. 모든 것을 무너트린 뒤, 다시 살아난 산업단지에서 새로 노동자를 채용하고 훈련시켜 이전의 상태를 복원한다는 것은 불가능에 가깝다. 공장 유지를 위한 2차 협력사 등록은 피치 못할 선택지였다.

두 번째 생각이 진짜 바라던 쪽이다. '자동차 대체 부품' 시장에 뛰어들기로 했다. 원래 부품 만들던 회사이니 당연한 결론이라고 칠지도 모른다. 당연하지 않았다. 이 정권 입장에서는 큰 도전이다. 지난해 10월, 창원금속공업 대표가 스치듯 이야기했던 "대기업 없이 우리 스스로 할 수 있는 일"의 정체다. 20여 년 대공장에 의존해 온 과거와 선을 긋는 일이다.

일의 성격은 간단하다. 우리나라 자동차 정비에는 대개 완성차 본사의 순정 부품만 쓴다. 정비 시장에서마저 대기업의 자리는 독점적이다. 이 틈을 비집고, 정비에 쓸 수 있는 대체 부품을 제조하는 일이다. 소비자 입장에서도, 자동차 수리비를 부담하는 보험회사 입장에서도 이점은 많다. 순정에 견줘 가격이 싼 대체 부품으로 정비가 가능해진다. 그만큼 수리비는 절감된다. 제도도 갖춰져 있다. 2015년 자동차 정비에 대체 부품을 쓸 수 있는 길을 열어 주는 법이 통과했다. 뒤늦기는 했다. 이미 해

외에서는 대체 부품을 활용한 정비가 당연했다.

일의 실질은 복잡하다. 제도가 갖춰졌는데도 대체 부품을 생산하는 회사는, 이정권이 결심했던 날까지 한 곳도 없었다. 이유가 있었다. "대기업 눈치가 보이니까." 우리나라에서 자동차 부품을 만드는 회사라면 물론 대개 대기업 협력 업체다. 섣불리 "따로 부품을 만들겠다"고 나설 수 없는 노릇이다.

그사이, 이렇다 할 글로벌 메이커가 없는 대만이 자동차 부품 세계 시장을 석권하고 있다는 얘기를 들었다. "그런데." 이정권이 숨을 고른다. "우리는 다 없어졌으니까. 눈치 볼 대기업이 없어졌으니까." 아이러니한 기회다.

발품 팔았다. 특유의 서글서글한 웃음을 띤 채 동네 정비소를 찾아다녔다. 시장 조사가 필요했다. 음료를 건네며 "사장님 요즘 부품 뭐 잘 나가요?" 들러붙어 물었다. 지원책을 마련해 달라고 국토교통부로, 국회로 돌아다녔다. 군산 업체들이 같이 시제품을 만들어 볼 공간도 필요했고, 여전히 대기업 눈치가 보였으니 우군도 확보해

야 했다. 정부 당국자들한테마저 낯선 대체 부품의 필요
성과 의미를 설명하고 또 설명했다. 변호사도 고용했다.
행여나 있을 자동차 메이커들과 법적 분쟁을 걱정했다.

"사활이 걸려서" 할 수 있는 모든 걸 해 보려고 했다.
자동차 부품 시장을 보러 미국으로, 대만으로 가 보기도
했다.

이 모든 과정을 다른 협력 업체들과 함께 하고 싶었
다. "원자재 하나를 주문해도, 만든 제품을 실어 나르려
고 해도 어느 정도 물량이 돼야 비용을 줄일 수 있어요.
우리 혼자만 잘 한다고 될 일이 아니라고 생각했어요. 무
엇보다 시장 자체가 어느 정도 규모가 돼야 해요. 다른
공장들이랑 같이 해야 해요."

한국지엠 협력 회사들에 전화를 돌렸다. "같이 살
길을 찾아보자. 이대로 무너질 수는 없지 않겠느냐고"
설득했다. 쉽지 않았다. 이미 연구 개발 인력을 다 떠나
보냈다는 공장, 남아 있는 한국지엠 물량만 처리하고 그
뒤는 계획이 없다는 공장 얘기를 들었다. 포기해 버린 것

9 1년 :: 전환과 머뭇거림

이다. "전반적으로 이제는 더 이상 못하겠다고 지쳐 있는 분위기. 무력감…."

군산 협력 업체 사이를 휘감은 절망이 컸다. 이해됐다. 그 역시 그랬으니까. 한 협력 업체가 위기 앞에서 생존을 포기한다는 것의 의미를 생각했다. 숙련 노동력의 소멸, 작은 혁신의 소멸이다. 그래도 다만 몇 개 업체가 대체 부품에 관심을 보이며 합류했다. 그들을 모아 대체 부품 협의회라고 이름 붙인 단체를 꾸렸다.

"그 결과물이 이것." 우울한 얘기는 그치고 사무실 한쪽 가리킨다. 싼타페 자동차의 앞 범퍼 옆 펜더(차체 앞부분 좌우 쪽 부품)가 놓여져 있다. 회사는 그렇게 '국내 1호 대체 부품'을 내놓았다. 국토부 보도 자료에까지 등장했다고 자랑스러워 한다. 성공할 수 있을지 장담할 수 없다. 무엇보다 아주 조심스럽게 말한다. "지금은 국내 자동차들 부품으로 시작하지만, 우리 최종 시장은 글로벌이라는 걸 대기업들이 알아 줬으면 좋겠어요. 시장 파이 빼앗아 간다고만 볼 게 아니라는 거예요. 궁극적으로는 외국 회사 부품을 할 거에요. 지금은 대만이 장악하고 있는 미국 자동차 대체 부품 시장에 끼어들려고 하는 거예요."

흔들리는 마음

김광중 번영중공업 대표도 마음을 추스른다. 역시 혼자 해낼 엄두는 나지 않았다. 다른 현대중공업 협력 업체와 모여 '군산 조선 해양 기술 사업 협동조합'을 꾸렸다. 현대중공업 조선소가 가동을 멈춘 지 9개월, 일감이 끊긴 지 1년 반 가까이 지난 2018년 3월에 이르러서다. 조선소는 돌아올 것이고, 그때가 되면 예전 직원을 부를 것이고, 배우고 가르치며 커 가는 일터를 다시 꾸릴 수 있을 거라는 믿음을 짧지 않은 시간 품고 있었다. 실은 이날까지도 완전히 버리지는 못했다.

이름만 들어서는 협동조합의 정체를 잘 알기 어렵다. 김광중은 간단히 "풍력 발전기에 들어가는 콘크리트 구조물을 만드는 일을 같이 해 보려고 하는 것"이라고 설명한다. 풍력 발전기 모형을 두고 각 부분의 명칭을 열심히 얘기한다(솔직히, 이해하기 어렵다). 이전에 했던 선박 구조물을 만드는 일과 크게 다르지 않고, 이 정도면 충분히 현대중공업 협력 업체들이 뛰어들 수 있는 일이란다.

마침 정부도 군산 새만금 산업 단지에 대규모 태양열·풍력 에너지 발전 단지를 만들겠다는 '비전'을 밝혔다.(2018년 10월 새만금 재생 에너지 비전 선포식)

물론 별달리 부가 가치가 높아 보이지 않는 재생 에너지 단지를 모든 군산 사람들이 비전으로 보고 있지는 않다. 자동차나 조선 같은 익숙한 제조업에 견줘 신재생 에너지가 가져올 부가 가치라는 게 불확실하다. 경관을 망친다는 우려도 있다. 무려 30년 동안 '어떻게 쓸 것인가?'를 두고 혼선이 있어 온 새만금 간척지의 끝이 신재생 에너지라는 사실을 많은 지역 사람이 받아들이기 힘들어했다. 처음 간척지를 메우고 들어왔던 대우처럼, 수많은 비정규직 노동자를 데리고 들어왔던 현대중공업처럼 어딘지 익숙한 제조 대기업의 생산 기지로 성장하는 방식을 모두 포기해 버린다는 의미로 받아들이기도 했다.

혼란과 무관하게 김광중과 조선소 협력 업체 대표들에게 재생 에너지 단지는 새로 살아가기 위해 절실한 먹거리다. 물론 불확실하다. 언제부터 신재생 에너지 개발이 시작될지 알 수 없다. 실제로 개발이 시작된다고 한들, 그 일감이 군산 현대중공업 협력 업체들에게 주어질 거라는 보장도 없다. 진척은 더뎠고 그래서 애가 탔다.

김광중네 번영중공업 공장에서는 멀리 시범 삼아 만들어 놓은 풍력 발전기가 보인다. 그 곁에 현대중공업 크레인도 여전하다. 김광중 마음도 두 거대한 구조물 사이, 불확실한 희망과 떨치지 못하는 미련 사이를 오간다.

여전히 산업 단지에는 소문이 돈다. "얼마 전에 크레인 정비하러 나왔다고 하더라고요. 안 쓰고 버릴 크레인이면 정비할 필요가 없지 않겠어요?" 혹시나 현대중공업이 돌아올지 모른다는 미련, 그러나 이제는 놓아야 한다고 종용하는 소식도 들린다. "현대중공업 울산에서도 난리 났다죠. 대우조선이랑 합병하게 되면, 굳이 군산까지 일감이 넘어오진 않을 거예요. 그렇겠죠?"

그를 만나는 동안 조선업의 본산, 울산은 울산대로 난리였다. 현대중공업 물적 분할 결정과 대우조선해양 합병을 두고 노동자와 협력 업체들이 저항하고 있었다. 울산 동구 현장에는 《한겨레21》 동료 조윤영 기자가 가서 취재하고 있었다. 우리는 종종 통화하며 그 도시와 이 도시의 비슷한 불행을 마치 자기 불행인양 토로하며 견주었다.(그러다가 이내 실직자, 위기에 처한 중소기업 사장이 아닌 그냥 동네 사람일 때 우리가 만난 이들이 얼마나 웃기고 재밌는지를 자랑하며 견주는 쪽으로 대화가 반전하기는 했다.)

울산 얘기를 두런두런 나누다가, '그렇게 당해 보셨으니 대기업 따위 포기하고 제4차 산업 혁명이라는 것들과 중소기업이 어떻게 엮일지 고민해야 할 시점'이라고 말해 주고 싶었다. 그럴 수 없었다. 매달려 온 익숙한 목표를 이제 와서 모두 버리고 수정해야 될 때라고 확신할 만큼 반대편 희망의 윤곽이 확실하지 않다. 그도, 나도 언제까지 거대한 조선소에 목맬 수 없다는 걸 알면서도 미련을 놓지 못한다.

2016년 마지막 회식, 직원을 떠나보내며 아이처럼 엉엉 울었던 물고기자리 횟집에 김광중은 다시 앉았다. 횟집 사장님만은 전처럼 친절하다. "사업 잘 되시냐"는 익숙했던 물음은 사라졌다. 번영중공업 사정, 알고 있었을 것이다. 그저 "하시는 일 모두 번창하셔야죠." 말하고 만다.

그렇게 1주년

2019년 5월 31일, 공장이 떠난 지 꼭 1년이 되는 날 김성우는 25평 아파트 청소를 맡았다. 그의 일은 당장 산업단지에서 벌어지는 실험들과 별 상관은 없다. "이번 집은 새 아파트인데다, 크기도 작아 품이 덜 들것 같다"는 것을 다행으로 여긴다.

"오늘이 그날이던가? 아 벌써⋯." 별로 큰 의미는 없대도 1년, 그 시간을 생각하고 짧게 탄식한다. 기사에 담을 사진 촬영을 위해 그가 청소하는 현장을 찾기는 했는데, 왠지 쑥스럽단다. 더 부탁하지 않았다. 청소하는 그의 동료들 모습만 사진에 담았다.

아파트 공동 현관에 잠깐 나와 이야기를 나누면서 김성우는 기쁜 소식을 전한다. "아 박철수 공장님 취직했다. 직원 10명도 안 되는 작은 공장이기는 해도 출근길에 좋다고 메시지를 계속 보내." 줄어든 희망의 크기에 맞춰 그와 한철민, 박철수 모두 마침내 각자 자리를 잡았다. 일단은.

한국지엠 공장 자리에 새 전기차 공장이 들어온다는 소식에 그도 동료들도 어쩔 수 없이 솔깃하다. "실직자도 취직시켜 주는 게 맞아?" 묻다가, "우리 같은 사람은 아닐 것 같다"고 체념한다. 새로운 질서에서 다시 주류로 살아남기에 그의 나이 마흔 아홉은 "너무 많다"고 생각한다. 쌓아 온 모든 것을 놓아 버리기에 "너무 젊다"고, 또한 생각한다.

어쨌든 공장이 떠난 지 1년, 도시의 질서는 바뀌고 있고 거기 있을지 모를 자기 자리를 생각하며 주어진 일은 최선을 다해 해내야 한다. 좋아하는 상사, 아니 친구가 취직했고, 오늘의 청소는 쉽게 해결할 수 있을 것 같으며, 무엇보다 볕이 맑아 기분은 좋다.

10장

쉬어 가는 이야기

익숙한 도시에서

전화 취재로 부족한 부분을 보충한다. 휴대 전화 너머 군산 사람들 목소리는 여전하다. 과장된 느긋함, 괜찮다는 듯 천연스러운 말씨로 시작. 중간중간 한숨이나 작은 침묵. 2019년 6월, 서울로 돌아와 취재 내용을 정리하고 기사를 구성했다.

여기, 거기

어깨와 귀 사이에 휴대 전화를 낀 채 읊어 주는 말들을 받아 적다가 문득 고개를 든다. 서울 신촌, 사람으로 북적이는 카페에 앉아 있다. 전화기 너머 그들이 있을 곳은 지역 항구 도시, 사람이 사라진 산업 단지 어느 공장 한 쪽이거나 전에는 생각지 못했던 새로운 일터일 터다.

잊힌 항구 도시가 지역 제조업 도시라는 새로운 질서를 구한 뒤 환호했던 순간을 쓴다. 들뜬다. 그 질서가 품고 있던 균열이 모습을 드러내는 순간, 불안하다. 마침내 무너져 버린 뒤 절망하는 목소리를 적는다. 먹먹하다. 더 먹먹한 순간은 과거를 곱씹는 말들을 적을 때다. 왜 이렇게 된 걸까? "군산이 중앙에서 보기에는 보잘 것 없어서 그런가 보다" "힘이 없어 그런가 보다"고 몇몇 군산 사람은 말했다. 이 말은 썼다가 지워버렸다. 서울로 들어선 순간 잘 보이지 않게 된 공간인 것만은 분명해서, 별달리 변명할 말은 찾지 못했지만, 그렇다고 그런 얘기를 세세하게 증명할 방법도 없었다.

기사를 쓰는 내내 아주 먼 다른 곳, 마치 소설이나 영화 속 이야기를 쓰는 것 같은 느낌이 불쑥불쑥 스민다. 그래선 안 된다고 경계하며 다시 타자기를 누른다. 완성한 기사는 여느 때처럼 부족한 구석 투성이인데, 여느 때

처럼 어쩔 수 없다고 생각했다. 마치 데칼코마니처럼 포
개어지는 생성과 후퇴의 과정을 보여 주는 것만으로 충
분하다고 합리화했으나, 조금은 더 명료한 희망을 찾아
적을 수 있었다면 어땠을까 싶다. 관찰하는 사람, 기자가
할 수는 없는 일이긴 하다.

"내 얘긴데 짠하다"(김성우)고 "더 열심히 해 보겠다
고"(백일성 과장) "살아 남아 보겠다"(이정권 이사)고, 기사
를 보고 군산 사람들은 말해 줬다. 질문만 늘어놓은 글이
미안해 "터놓고 말씀 주셨던 것 감사하다. 또 보자"정도
답할 수밖에 없다.

그곳과 이곳. 같은 세계, 한때는 서로가 서로를 지지
한다고 믿었던 공간. 지금 한쪽은 다른 한쪽의 존재를 부단
히 의식한다. 반대편 한쪽은 그쪽 존재를 쉽게 잊고 만다.
녹음하고 풀어낸 두툼한 취재 내용이 어느덧 아득하다.

넉 달 뒤, 가을

여기, 모두처럼 잊고 있었다. 다시 군산 얘기를 듣게 된

건 2019년 10월 24일이다. 문재인 대통령이 군산을 방문했다. 이제 전기차 공장 명신이 자리 잡은 옛 한국지엠 공장에 섰다. 전북 군산형 일자리 상생 협약식이 열린 날이다. 고민과 조율 끝에 군산형 일자리 윤곽이 나온 모양이었다.

고민스럽게 누군가와 통화하던 김현철 교수 얼굴이 떠올랐다. 전화했다. 감기 기운이 있다고 했다. 빡빡한 일정에 이리저리 끌려 다닌 모양이다. 그래도 처음 만났을 때보다 군산형 일자리에 대한 확신이 조금 더 짙다. 군산에 머물 때만 해도 모두가 '베일에 쌓인 기업'이라고 의심했던 명신이 제법 정체를 드러냈다. "정말 전기차 사업을 시작할 여력이 있는지" 시청에서조차 불안해하던 에디슨이나 대창같은 다른 전기차 기업도 '군산 전기차 클러스터' 참여를 확정했다.

군산형 일자리는 '전기자동차 클러스터'를 중심으로 만들었다. 군산에서 전기차를 생산하고 싶은 기업은 앞서 참여한 기업의 동의를 받아 여기 추가로 포함될 수 있다.(군산형 일자리 업무 협약서 2장) 클러스터에 포함된 기업은 적정 임금과 노동 시간, 지역 하청업체(노동자)와 상생을 위한 적정 납품가, 역내 부품 의무 구매, 기술 이전 노력 등의 의무를 진다.(3장, 6장) 우리사주제와 노동이사제를 도입하도록 노력한다.(5장) 군산시와 정부는 기업을 지원한다. 노동자 교육과 복지를 맡는다.(4장)

광주형 일자리와 비슷한 듯 다르다. 표면적으로 현대차 같은 대기업이 포함되지 않았다. 사실은 포함하지 못했다. 대기업 유치를 시도했으나 실패했다. 다만 군산에서 대기업 유치를 해 보려 했던 건 "좀 다른 의미였다"고 김현철 교수는 말했다.

지역 부품 업체가 전기차 시장에서 탄탄한 경쟁력을 가질 수 있도록 하는 지렛대 정도의 역할을 대기업이 맡아 줬으면 했다고 한다. 실력 좋고 믿을 만한 부품업체가 모여 있고. 그러므로 전기차를 생산하고 싶은 큰 기업이 군산에 들어오고 싶어 할 정도로 산업 단지를 구성하고 싶었던 것이다.

군산형 일자리 협약서에서 가장 중요한 대목은 클러스터 내 공동 교섭이다. 부분적인 지역 공동 교섭을 시도했다. 새로운 지역-노동-산업 모델이다. 클러스터로 묶인 기업이라면 서로 다른 기업 노동자라도 시 정부, 지역 주민과 함께 회사와 협상해 같이 노동 조건을 결정한다. 기업 규모나 수익성에 따라 좀 차이가 날 수는 있겠지만, 같은 지역 같은 업종에서 일하는 노동자들이 엇비슷한 임금을 받게 된다.

한국에서는 처음 있는 일이다. 1980년대 후반 마산 창원노동조합 같은 지역 단위 노동조합이 있기는 했다(마창 노조는 훗날 민주노총을 만드는 데 중요한 구실을 한다). 물론 지금도 민주노총은 기본적으로 산별 노조 체제이며 지역 본부도 있다. 다만 실질적인 교섭력이 있지는 않았다.

결과적으로 기업 경영에 노동자, 지역 사회 전반(시민)이 관여한다. 기업을 더는 서울 혹은 미국의 본사, 주주만의 것으로 둘 수 없다는 문제 인식을 반영했다.

그즈음 저녁 자리에서 만난 청와대 한 인사는 군산형 일자리를 자랑하며 "지금까지 나온 상생형 일자리 가운데 가장 진일보한 것"이라고 힘주어 말했다. 다만.

대기업 틈바구니에서 클러스터에 포함된 작은 전기차 기업이 성공할 수 있을까. 대창이나 에디슨 모터스는 초소형 트럭이나 버스 같은 특수한 전기차를 만들 뿐이다. 명신은 아직 전기차 생산 경험이 없다.

그래도 약간의 틈새 같은 것을 김현철 교수는 말한다. "대기업들도 전기차 기업으로 변하고 있지만 워낙 규모가 커서 변화의 속도가 아주 빠를 수는 없을 거예요. 그런데 중국이나 미국, 유럽에서는 전환에 대한 요구가

급하니까 그 급한 요구를 채울 기업도 필요할 것이고. 그런 점에서 규모는 작아도 이런 전기차 기업들이 설 자리가 조금 있을 수도 있지 않을까 생각해요. 필요에 따라 차를 맞춰서 생산하게 될 수도 있을 거에요." 물론 조심스럽다. "계획대로 될 거라고 100퍼센트 보장할 수는 없지만."

　자동차 제조업을 유지하고자 한다면 전기차로 변화는 어쩔 수 없다. 다만 전기차를 비롯한 새로운 산업이 어떤 식으로 기업과 노동 생태계를 만들어 갈지는 불분명하다. 금속노조는 내연 기관 자동차 산업이 전기차 산업으로 개편되면서, 1만여 부품 업체 가운데 2886개(28퍼센트)가 부정적 영향을 받을 것으로 추정했다(금속노조 연구원, '전기차의 확산과 노동조합의 과제'). 세계적 완성차 업체가 각축전을 벌이는 업계에서 기 한 번 못 펴고 군산은 다시 잊힐 수 있다. 이전보다 전체 고용을 줄여 버릴 가능성도 있다.

　노동자의 경영 참여는 쉽지 않다. 완벽한 노동이사

제가 아닌 노동자가 이사회를 참관할 수 있는 수준으로 정리됐다. 우리 사주제 역시 언젠가 기업이 상장할 때 다시 논의하기로 했다(물론 일부 기업은 이후 노동이사제를 도입하기로 했다).

이미 노동조합이 있는 명신과 노동조합 자체가 없는 다른 기업들 노동자 사이, 실제로 노동 조건이 비슷하게 맞춰질 수 있을지, 역시 알 수 없다. 민주노총 본부에서 군산형 일자리가 광주형 일자리처럼 사실상 노동 조건을 후퇴시키는(일정 기간 파업을 할 수 없다, 임금을 실질적으로 하향 평준화 한다 등) 조건을 담았다는 비판은 여전했다. "일단 상생 협약을 중심으로 틀을 만들고 다른 기업들도 노조를 설립하는 식으로 나아가야 할 것 같다"고 최재춘 지부장은 말했다.

여전히 이들 기업과 원하청 관계로 엮일 더 작은 지역 부품 회사들과의 관계는? "아직 저희들한테 별 얘기는 없어요. 그래도 이런 씨앗이 뿌려진다는 게 좀 희망적이긴 한데. 어떻게 될지는 두고 봐야겠죠."(이정권 이사)

이런 내용을 바탕으로 아직 설익었다는 비판으로 채운 기사를 쓸 수도 있었을지 모르겠다. 쓰지 않았다. 이런 말 때문. "우리는 어떻게든 해내야 한다는 절박감이 있어요. 비판이 있지만 시도해야 해요."(최재춘)

시도. 군산형 일자리를 둘러싼 모든 우려는 '시도'할 수 밖에 없는 부분들에서 빚어진다. 새로운 산업으로의 전환, 그 과정 시민과 지역의 참여, 격차의 해소 같은 주제에 얽혀 있다. 온통 낯선 것이고 그러니 어떻게 될지 모르며, 모르는 것 앞에 염려할 수 밖에 없다. 그렇다고 하지 않은 채 머무를 수도 없다. 그리고 무엇보다.

그 아무것도 모르는 지평을 향해 변할 수 밖에 없어 뚜벅뚜벅 나아가는 사람을 군산에서 너무 많이 만났다.

두 달 뒤, 겨울

종종 김성우한테서 전화가 왔다. 별일은 없다. 그저 안부 묻는 것이다. 퇴근길, 버스에 앉아 멍하니 창밖을 바라보고 있던 2019년 겨울에도 그랬다. 한 해가 또 별 볼일 없

이 저물고 있다. "잘 지내시죠?" "잘 못 지내." 못 지낸다
는데 목소리만은 쾌활하다. "회사는 잘 돼요?" "그만뒀
어 뭐."

그만뒀다고 했다. "도저히 안될 것 같아서" 동업자
에게 업체를 넘기고 청소 일은 완전히 털어 버렸단다. 놀
랐다. 100개쯤 정기적으로 청소할 만한 건물을 잡아 놓
고 나면 사업은 제 궤도에 오르고, 그러고 나면 남부럽지
않은 사장님이 될 수 있을 거라고 어느 밤 김성우는 말했
었다. 나이 50에 장래 희망처럼 꿈을 말하는 모습이 좋아
보였다. 그 꿈이 1년도 되지 않아 끝나 버렸다. 꿈을 꾸고
접는 주기가 빨라졌다. 그 숨 가쁜 속도가 문득 불안했다.

그래도 다시 일을 찾았다고 한다. 박철수가 취업했
다던 그 페인트 공장이다. 직원 수 열 명 안되는 작은 공
장. 그래도 중년 취업자에게 문을 열어 주는 "좋은 곳"이
다. 다행히 자리를 잡았지만 여전히 체력적으로 부치는
건 어쩔 수 없다. "그래도 공장님이랑 같이 다니시니까
재밌겠어요." "응. 그게 재밌지 뭐."

조용조용 목소리 죽이며 통화하는 사이, 창밖으로
현란한 서울이 지나가고 있었다.

11장

다시

그저 평소 같은 하루

어느 사람 A의 과거, 어느 사람 B의 현재가 포개어진다. B는 한때 A처럼 되고 싶었으나 그럴 수 없었다. A는 제 나름 정신없어 B의 삶을 진지하게 고민해 본 적은 없다. A는 지금 B와 비슷한 모습이 되었구나, 문득 생각한다.

요컨대 A와 B 모두 만족스러운 지점에 이르지 못하였는데, 그렇다고 그 모습이 압도적인 절망, 비극 같은 것이라고 할 수는 없다. 물론 거대한 감동과 뭉클함, 성공으로 맺을 수도 없다. "이거 뭐 이렇게 끝나면 재미없는 것 아녀? 뭔가 희망차고 이래야지. 반전의 마무리!" 하고 한철민이 짐짓 걱정했다.

희망도 절망도 아닌 어디쯤, 여전히 흐릿한 상태로 군산은 공장이 떠난 지 3년을 맞았다. 이렇다 할 반전은 없다. 삶은 이어진다.

드라이브

2021년 8월 6일 금요일 11시, 대수롭지 않은 시간, 아무 날도 아닌 평일. 군산도 그저 평소처럼 제 모양대로다. 그나마 휴가철이다. 주말을 하루 앞둔 터미널 주변에 제법 사람이 붐빈다. 비 내릴 모양이다.

김성우는 막 코로나19 백신을 맞고 터미널에 마중 나와 있다. 밝고 따뜻한 얼굴만은 그대로라 안심이다. "머리가 좀 더 벗겨졌는 걸, 뭐." 웃는다.

그의 차(물론 쉐보레 캡티바)를 타고 군산 드라이브를 하기로 한다. 몸은 끄떡없다고 했으며(진짜인지 확신할 수 없다) 기왕 온 김에 멀리, 멀리, 고군산군도까지 달려 보자고, 그는 말했다. 성격 또한 그대로다.

그대로인 건 또 하나 있다. 그 놀라운 소식을 전화로

전해 들었을 때 어떤 목소리로 어떻게 말해야 할지 몰라 당연한 질문만 해댔다. "잘된 것이겠지요?"

잘된 일일까. 김성우는 한국지엠 공장이 있던 그 자리에 들어선 전기차 공장 명신에 다시 입사했다. 6개월 계약직이다. 그 후 어떻게 될지는 "아직 모른다."

6개월짜리 직장이라니, 그런데도 간절했다. 많은 '일'이 이후로도 그를 스쳐 갔다. 박철수와 함께 일하는 게 그나마 장점이었던 페인트 공장. 작은 공장이다 보니 환경과 사정이 너무 열악해 더 다니기 힘들었다. 좀 다니다가 나왔다. "깨끗한 공장에서만 일해 본 우리가 너무 눈이 높았던 건지도 몰라."

감염병으로 전 세계가 혼란에 뒤덮이고, 제조업 기반이 있는 군산은 또 새로운 기회를 찾은 듯 보였다. 산업 단지에 순식간에 마스크 공장 10여 곳이 들어섰다. 김성우는 그 가운데 한 곳에 관리자로 취직했다.

"꽤 투자를 많이 한 공장인데 말이지…." 마스크는 이내 공급 과잉에 이르렀다. 브로커들이 중간에 끼어들며 가격을 후려치는 통에 1년을 버티지 못했다. 그런 공장이 대부분이다.

그런 식이었다. 어느덧 그에게 일은 쉽게 떠나고, 들어가고, 다시 밀려나는 것이 되어 있다. 과거 어느 때 군산의 절반 아니 그 이상의 비정규직 노동자가 그러했던 것처럼, 그도 그렇다.

마스크 공장을 나오고 산업 단지의 어느 사료 공장에서 일해 보라는 제안을 받았다. 안정된 조건이다. 정규직이다. 면접까지 마치고 나왔는데… 마침 명신이 한국지엠 군산 공장 실직자도 계약직으로 뽑는다는 얘기를 들었다. 어디로 가야 할까.

고민은 잠깐, 당연하다는 듯 명신을 택했다. 정규직을 거절하고 6개월짜리 일을 구했다. 정확한 조언자라면 그를 말려야 했다. '그 뒤엔 또 어쩌려고' 염려해야 했다. 그럴 수 없다. 일했던 곳으로 돌아갈 수 있으니까. 김성우는 '돌아간다'는 생각에 온통 사로잡혔다.

다시 공장에 들어서는 첫날, "보안 직원은 그대로

있더라고. 반갑게 인사를 해 주는데. 아… 정말 눈물 나
대. 아직 공장 일부만 쓰느라 다른 데는 잡풀도 있고 예
전이랑은 달랐는데도 말야. 아 돌아왔구나, 그 느낌이.”

~~~~~~~~~~~~~~~~~~~~~~~~~~~~~~~~~~~~~~~

감동과 별개로, 군산형 일자리와 그 핵심이 되는 공간인
명신은 그와 다시 만난 시점에 이르기까지 별다른 성과를
내지 못하고 있다. 성과라면 대개, 나 또한, 고용과 생산
을 중심으로 생각했다. 명신은 막 시범적으로 전기차 몇
대를 생산할 뿐이다. 군산 전기차 클러스터에 포함된 또
다른 공장인 대창에서 위탁받은 물량이다. 고용은 200여
명 쯤에 그친다. 생산이 제대로 시작되지 않았으니 김성
우 같은 실직자를 정규직으로 고용할 수도 없다. 지엠 공
장 일부만 사용하고 있을 뿐이며, 공장 안에서 쓰고 있는
사소한 사무용품에는 여전히 한국지엠 마크가 새겨 있다.
　새 공장이 들어선 지 2년, 얼마나 고용했는가, 얼마

나 생산했는가, 이제는 자리 잡았는가 모두가 물었다. 의구심은 정부랄지 언론만의 것이 아니라 군산 사람 전반의 것이어서, 산단 안의 다른 공장 사람들도 "대체 뭘 하고 있는 건지 모르겠다"는 볼멘소리들을 했다.

"이해할 수 있습니다. 정부도 사람들도 성과가 애타겠죠. 이런저런 예산을 투입했다고 하는데 왜 결과가 나오지 않는가. 그런데요. 조금 더 시간을 줄 수 없을까요?"

김현철 교수도 '일자리 몇 개가 만들어졌는가?' 하는 질문을 어지간히 받는 모양이었다(물론 그가 그런 일에 책임이 있지는 않다. 학자, 시민으로 답할 뿐이다). 일자리, 물론 급하다. 다만 구분해서 생각할 필요는 있다.

한국노동연구원은 (정부의) 위기의 충격에 관한 판단에서 일시적 충격과 구조적 충격이 구분되지 못하고 있다고 지적했다. 일시적 충격이라면 원래의 상태를 회복하기 위한 대응이 필요하다. 구조적 충격은 '기존 산업의 항구적인 쇠퇴, 혹은 장기 침체를 의미하므로 산업 자체의 구조 고도화, 지역 산업의 재구조화, 산업-지역 간 이동 촉

진을 위한 정책 수단이 필요하다.' 군산형 일자리는 명확히 후자에 얽힌 얘기다.(한국노동연구원, '지역 산업 및 고용 위기 지역 지원 대책의 고용 효과')

그러니까 2000년대 초반처럼 대우가 떠나고, 지엠이 들어오고 몇 해 뒤 고용이 회복될 일은 이제 군산에 없다. 다른 꿈을 꾸어야 했다. 반성해야 했고, 반성의 결대로 새로운 도시 발전 모델을 발견해야 했다.

산업 단지 안의 위계(대공장과 협력 업체), 공장 안의 위계(정규직과 비정규직)가 없는 공간을 상상했다. 완성차 공장을 중심으로 협력 업체가 모인 생태계가 아니라, 탄탄한 작은 공장이 몰려 있어 생산하고 싶은 이라면 누구든 오지 않고는 못 배길 산업 단지를 꿈꿨다. 쉽게 흔들리지 않길 바랐고, 기업이 도시의 커뮤니티를 더 단단하게 해 주길 바랐으며, 군산이 비용-효율 그래프로 운명이 결정되는 부속품이 아니라 그저 군산으로서 의미 있기를 바랐다.

이런 종류의 바람은 세심하지 않으면 쉽게 잊힌다. 우리에겐 익숙하게 꿈꾸고 익숙하게 이해하는 관성이 남

285

아 있다. "설명하고 이해해 달라고 말하는 게 힘들어요, 정부에도."(김현철 교수)

　　물론 시간이 주어진다면 군산형 일자리는 반드시 성공할 것, 이라고 적을 수 없다. 군산 전기차 클러스터에서 생산될 자동차는 국내 일반 소비자가 구매하는 전기차가 되기에는 역부족이다. 이렇다 할 유명 브랜드를 달고 있거나 눈에 띄는 기술력을 보유하고 있지 않다. 소형 트럭이나 버스 같은 상용차랄지, '메이드 인 코리아' 정도를 이점 삼은 수출용 차일 확률이 높다. 전기차 시장은 성장성만큼이나 쟁쟁한 경쟁자가 포진해 있다.

　　지역 내 같은 일을 하는 노동자가 비슷한 처우를 받는 지역 단위 교섭 역시 이제 막 시작 단계다. 2021년 하반기 첫 교섭을 시작한다. 여전히 기존 각 기업 노조와 관계가 정리되지 않았다. 더 많은 예산뿐 아니라, 더 세심한 조율이 필요하다.

김성우의 차는 비를 뚫고 금강 갑문을 건너 장항으로 간다. 1930년대 개발되었고 잊힌 땅에는 군산처럼 오랜 골목이 남아 있다. 한철민이 산 4층 건물이 여기에 있다. 건물 가장 위층에, 한철민은 꿈꾸던 당구장을 열었다. "갑갑해 죽겠어. 메여 있으니까. 어디 가지도 못하고 말여." 손님은 드문드문 있다. 잠시 레트로 바람을 타고 뜰 뻔했던 장항(장항 역시 군산만큼이나 절절한 근대의 무대다)도 코로나19 영향이 겹쳐 다만 잠잠하다. 이번에는 수송동에 치킨집을 차렸던 정순철이 호소했던 '갑갑증'을 한철민한테서 다시 본다.

공장에서 나온 노동자 가운데 다시 제조업으로 돌아온 이가 얼마나 될지 정확히 알 수 없다. 만난 이들 가운데서는 김성우 정도가 유일하다. 그 역시 한동안 청소업체를 운영했으니, 다른 일을 거쳐 돌아온 셈이다. 그마저 한시적이다.

한국노동연구원은 고용 위기 지역인 군산 지원 대책이 주로 서비스업을 중심으로 고용 효과(고용 유지나 신규 일자리 창출, 지역 경제 활성화를 통한 고용 확대 등을 포함한다)를 유발했다고 추정한다.

군산에 대한 재정 지원은 서비스업에 대한 파급 효과가 1만 7356명에 이른 반면, 제조업에 대한 파급 효과는 5218명에 그친다. 그나마 실직자를 지원하는 예산의 고용 효과는 군산 지역 내보다 광역권이나 다른 지역에서 더 크게 나타났다.

당연한 결과다. 이전의 규모를 대체할 제조업이 군산에 자리 잡기까지 비슷한 모습일 것이다. 새로 미래 산업을 꾀해야 한다고 모두 알고 있지만, 말처럼 간단하지 않다. 긴급 지원 성격의 재정이 할 수 있는 일은 소득을 보전하고 소비를 유지하는 일이다. 이런 식의 활성화는 서비스업에 활기를 좀 돌게 할 수 있어도 제조업을 되살리는 수준은 못 된다. 그러므로 실직자의 서비스업으로의 전직은, 군산에 머물기를 택했다면 쉽게 외면할 수 없는 선택지다.

〰〰〰〰〰〰〰〰〰〰〰〰〰〰〰〰〰〰

덜컹덜컹 나아가기

다시 차에 올라, 가고 싶은 곳을 묻는 김성우한테 "당연히 산업 단지요." 말했다. 달라진 것 없어 보이는 풍경 속에 그래도 몇몇 공장이 지어지고 있다.

이정권은 2020년 말 창원금속공업을 나와 사업을 시작했다. 결별이라기보다 연장선이다. 창원금속공업에서 시작했던 자동차 대체 부품 사업을 좀 더 확장하기 위해 '더넥스트'라는 회사를 차렸다고 했다. 필요한 대체 부품을 파악하고 역설계한 뒤 위탁 생산한다. 새로 이 일에 뛰어들려는 사업가를 지원한다.

"못 본 새 많은 일이 있었다니까요." 막 두 번째 대체 부품을 출시하며 기뻐하던 이정권은 이제 사업가, 공무원, 활동가를 적당히 뭉쳐 놓은 듯한 모습이 되어 있다.
예산을 받아다 대체 부품 생산자 지원 센터를 만들었다.
이제 50여 개 업체가 대체 부품 생산에 참여한다. 강의를
다니며 더 많은 참여자를 모은다. 꿈은 여전하다. "대체
부품의 목표는 세계 시장이잖아요."

대체 부품 산업이 지엠을 중심으로 꾸려진 산업 단
지의 질서를 재편하기에는, 물론 아직 역부족이다. 창원
금속공업 같은 1차 협력사의 매출에서 대체 부품이 차지
하는 비중은 매우 적다.

아직 남은 (몇 안 되는) 군산의 한국지엠 협력사는 주
로 우즈베키스탄에 납품할 물량을 생산하며 버티고 있
다. 우즈베키스탄 공장에서는 지엠의 옛 차종들이 생산
되고 있다. 군산에서 차체 등을 납품받는다. 2019년부터
끊긴다, 끊긴다 하면서 이어졌는데 이제는 정말 끊길 위
기란다. 이정권은 그래서 더 조급하다. 하루빨리 새로운
산업의 규모를 키워야 한다, 자기 꿈을 위해서도 그렇고
떠나온 회사를 위해서도 그렇다, 지역의 작은 기업들이

더 단단하게 살아남을 방법을 찾아야 한다고 했다. "후유, 제가 또 너무 말을 많이 했죠?"

김광중도 조금은 나아갔다. 다만 덜컹덜컹하다. 여전히 풍력발전 구조물을 만드는 일을 꾀한다. 조선업이 다시 살아나는 모양이지만 군산 조선소 재가동 이야기는 없다. 재가동되더라도 협력 업체들이 준비되는 데 최소한 1년 넘는 시간이 필요할 걸로 본다. 숙련된 노동자 구하기가 점점 힘들어지고 있다. 현대중공업 협력사 가운데 군산에 남은 기업이 사실상 거의 없다. 번영중공업은 건설 구조물 만드는 일로 이어 가고는 있다. "대표님 건강은요?" "그냥 뭐… 그렇지요. 음, 그냥…."

군산 조선 해양 기술 사업 협동조합은 조합사들이 함께 재정 지원을 받아 공장 부지를 매입했다. 여기서 1차로 구조물 형태를 만들고, 그걸 조합사들이 자기 공장에 가지고 가서 마무리하겠다는 계획이다. 정부 지원을 받았다.

고민과 잡음이 없지 않다. "추가로 설비를 들여야

11
—
다시:그저 평소 같은 하루

291

하는데 중앙 정부에서 내려온 예산이 군산시에서 집행이 안 된다"고 김광중은 주장했다. 그런 주장을 해 보려고 상복을 입고 군산시청 앞에서 1인 시위를 하기도 했다. 지역 신문에 사진도 찍혔다. 얘기해 주니 또, 다소 쑥스러워하는 목소리다.

〰〰〰〰〰〰〰〰〰〰〰〰〰〰〰〰

'OOO억을 지원합니다' 따위, 재정 지원의 양과 약속에만 집중하던 시기가 지나고 있다. 집행이 시작되면서 지원 주체의 정체를 두고 군산 곳곳에서 혼란스럽다. 한국의 재정 구조상 막대한 돈을 쥐고 있는 곳은 중앙 정부다. 시민이 바라는 도시의 세세한 모습을 듣는 건 시 정부다. 예산을 구하는 이들은 지역과 중앙을 오가며 설득한다. 칸막이의 벽을 실감한다. 한쪽에서 약속된 일이 다른 쪽에서 무시된다고 느낀다. 혼란스럽다.

업체들을 중심으로 꾸린 군산 조선 해양 기술 사업

협동조합 문제만은 아니다. 전국적인 관심을 받는 군산형 일자리 사업 역시, 중앙 정부가 집행하기로 발표한 예산이 원활히 집행되지 않아 골머리를 앓는다. 예산 사업들의 기한은 정해져 있고 시간이 갈수록 조급해진다. 갈등한다.

거버넌스 구축의 중요성은 여러 차례 지적됐다. 장기적이며 전례 없는 사업일수록 더욱 그렇다. "환경과 제도를 바꾸려면 장기간의 실행이 필요하므로 이를 위한 독립적인 기구가 필요하다. 중앙·광역·기초 단위 예산 및 실행 부서 간의 칸막이가 있어서 전례 없는 사업, 융합적인 프로젝트를 진행하기가 쉽지 않은 한국의 상황을 감안할 때도 행정 집행 프로세스를 단일화해 진행할 기구는 필요하다."(LAB2050, '제조업 도시들이 흔들린다: 지역별 고용 위기 시그널과 위기 대응 모델')

겉으로 드러나는 거버넌스의 갈등은 주로 예산 집행을 두고 펼쳐지지만, 사실 일자리에 대한 오랜 고정 관념과 관련된다. 일자리는 산업 정책의 결과물로 여겼고, 우리는 오랜 시간 산업 정책을 중앙 정부 중심으로 실행했다. 한국의 제조업을 주름잡은 거대 기업을 상대할 수 있는 곳은 중앙 정부뿐이다. 모두가 중앙 정부를 바라볼 수밖에 없다.

그래도 괜찮았던 시절이 있었다. 산업의 발전이 지역한테도 의미 있던 시절이다. 저렴한 입지, 여기에 약간의 인센티브를 더하는 이점 정도면 기업의 이해와 맞아떨어지는 생산 기지를 지역 곳곳에 세울 수 있었다. 군산은 '그런 시절 끝났다'는 걸 몸소 보여 주는 도시다. 무작정 기업을 설득하고, 막대한 예산을 지원할 수만도 없는 일이다. 도시에 맞는 성장의 소재와 방식을 새로 찾아야 한다. 그러기 위해 유능한 지방, 또는 광역 정부가 필요하다. 다만 중앙 정부에 의존해 온 오랜 관행 탓에 지방 정부는 충분한 경험을 쌓지 못했다.

~~~~~~

처음

김성우의 차는 어느덧 비응항에 도착했다. 2019년 5월 내가 가 본 군산 땅은 딱 여기까지였다. 7번 버스의 종점. 이 너머를 가 보아야겠다는 생각은 하지 않았다. 그는 주저 없이 엑셀을 밟는다. 새만금 방조제로 들어선다.

방조제의 끝에는 신시도, 무녀도, 선유도로 이어지는 고군산군도다. 말로만 들었던 아름다운 풍광이 펼쳐진다. 관광객의 마음이 되어 감탄을 연발한다(이럴 것 같아 이 선만은 넘지 않으려 했건만).

무녀도에 이르자 김성우는 별 것 없는 바위 틈을 가리킨다. "가끔 직원들이랑 놀러 와서 바위 틈에 자리 잡고 라면을 끓여 먹기도 했다"고 그는 말했다. 선유도쯤에서는 "마흔 살이 될 때는 별 생각이 없었는데 오십 살이 될 때는 이상하게 생각이 많아지더라"했다. "마침 그즈음 잘렸으니까."

비는 그쳤으나 아직 어둑한 하늘을 바라보며 우리의 대화는 끝내 26년 전으로 거슬러 간다.

"조마조마했지." 누구의 입사든 사연이 없겠는가마는 아슬아슬하게, 기적처럼 일자리가 주어졌던 그날을 생각하는 동안 김성우는 걱정 따위 없다는 듯 행복한 표정이다.

26년 전, 다른 공장에 다니고 있던 김성우는 대우차 공장 채용 소식을 듣고 학교로, 동사무소로, 시청으로, 사진관으로 뛰어 다니며 입사에 필요한 서류를 모았다. 노동청에 가져갔다. 그런 식으로 직접 입사 서류를 내야 했던 때다. "아 근데 그게 딱 마감날이었네." 우편 가는 날까지 더하면 원서 접수도 못하고 포기해야 할 판이다. 무슨 용기가 났는지 노동청 공무원더러 기업 담당자한테 전화 한 통만 넣어 달라고 사정했다. "내 표정이 그 사람도 웃겼나 봐. 궁하니 통하더라고." 70명의 동기와 함께, 이제 막 시작하는 군산 대우 공장의 첫 입사자가 되었다.

대공장 정규직 노동자의 삶이 바깥에서 보는 것만큼 평탄했던 건 아니다. 누구든 직장인으로서 겪는 애환이 없겠는가. 공장에도 부서별 텃새가 있었다. 업무 부문을 옮기고 한 달 동안 부서 사람들과 말 한마디 제대로 해 보지 못한 시절도 있다. 이 악물고 한 달을 버티니 부서장이 회식 자리에서 술잔을 건넸다. 그 순간의 기쁨이라니!

다른 동료가 부서에 와서 자신과 비슷한 일을 겪을 때 옆에 있어 줘야겠다고 생각한 건, 그 시절 경험한 괴로움과 고마움 때문이다. 그렇게 그가 먼저 손 내민 동료가 한철민이다.

아웅다웅하던 그 대공장은 이제 없다. 산업 단지는 조용히, 때로 고통스럽게, 때로 작은 성과에 환호하며 모습을 바꿔 가고 있다. 모든 것이 달라지고 있는 도시에 그래도 사람은 남았다.

김성우는 그래서, 낯선 세계 앞에, 무엇이 어떻게 될지 모른 채, 숱한 일을 겪으면서도, 여전히 변함없이 선한 얼굴로 사람을 믿는다.

혼란으로 엮인

책으로 군산 이야기를 엮기까지 꽤 많은 시간이 흘렀
다. 2019년 4월 특별하지 않은 봄날. 낯선 도시를 처
음 취재 대상으로 만나고 2년 반이 지났다.

그 사이에도 세상은 이해할 수 없는 모습으로 돌
아갔다. 미-중 무역 갈등, 자산 가격 급등, 조국 사태 등
을 2019년 사람들은 주로 말했다. 2020년과 2021년 사
람들은 코로나19를 말하고, 또 말해야 했다. 감염병
의 영향은 이전의 고민이 우습게 느껴질 정도로 심대하
며 황당했다. 인간의 합리성, 욕망을 제어하는 제도의 역
할, 변화는 있으나 단절은 쉽지 않은 경제 흐름, 민주주

의와 휴머니즘에 대한 감각 따위. 믿어 온 것들이 조금씩 부서지고 있는 것 같았지만 너무 거대한 탓에 좀체 머리에 담기지 않았다.

이해하지 못한 채로 혼란한 시점과 공간에 놓인 사람을 만나고 취재하는 일만은 이어졌다. 이 마당에 그런 일을 하고 있다는 게 (쉽게 위축되고 마는 성격 탓에) 괴로웠고, (그 어떤 얘기에도 쉽게 매료되는 성격 덕에) 위로됐다.

2020년 4월 코로나19 1차 확산이 수그러들기 시작한 대구에 갔다. 군산이 제조업의 도시라면 대구는 서비스업의 도시다. '원래는 제조업(섬유)의 도시였으나, 더 저렴한 입지를 찾는 저부가 가치 제조업의 이치 탓에 그렇게 되고 말았다'고들 했다. 코로나19는 서비스업에 한층 더한 재앙일 테니 불행한 사람이 있을 거였다. 대구라는 도시에서 겪었던 좌절과 성공과 다시 좌절의 경험을 가만가만 사람들은 들려줬다.

2021년 1월 코로나19 방역 조처로 고통받는 서

울 이태원에 갔다. 군산이 토박이의 도시라면 이태원은 이주자의 도시다. 클럽발 코로나 확산으로 다양성과 뒤섞임과 그게 빚어 낸 독특한 문화는 낙인찍혔고 움츠렸다. 이태원이라는 환상과 꿈을, 더는 자랑스럽게 말할 수 없을 것 같은 불안을, 사람들은 눈치 보며 들려줬다.

2021년 10월 일할 사람을 구하기 어렵다는 전남 영암 대불국가산단에 갔다. 군산이 자동차의 도시라면 영암은 조선업의 도시다. 조선업은 회복하고 있는데 노동 조건은 열악하다. 내국인 노동자는 돌아오지 않았다. 외국인 노동자가 채웠다. 자기가 얼마나 일 잘하는 숙련 노동자인지 미등록 이주 노동자는 자랑했다. 다만 끝내 시민으로는 인정받지 못하는 괴상한 자기 처지를 두고 대뜸 사과했다. "미안해요. 불법이에요."

서로 얼굴 한 번 본 적 없는 수백 킬로미터 떨어진 도시, 도시의 사람들이 혼란만은 공유한다. 설명을 시도해 볼 수는 있겠으나, 끝내 이해할 수 없는 변화 앞에 놓였다. 이해할 수 없는 변화가 전보다 더 많아진 건지, 이해할 수 없음을 눈치챌 만큼 세상이 좀 더 예민해진 건지 모르겠다. 명민하지 못한 관찰자인 나로서는, 그저 '모르겠어요' '이해가 안 돼요'하는 말만 되풀이할 뿐이다.

도처의 혼란과 불안 앞에서 군산 사람을 떠올리는 건 어쩔 수 없었다. 그 도시와 이 도시, 그 사람과 이 사람은 무엇이 같고 또 무엇이 다른가. 견주고 겹쳐 가며 군산에서 들었던 말의 의미 또한 다시 깨닫고, 수정하고, 망설였다.

뒤늦게 엮은 군산 이야기는 그래 봐야 혼자 웅크린 채 내뱉는 투덜거림에서 시작해 이해할 수 없는 세계와 제도를 조금 기웃대다가 결국 거기, 그들의 이야기로 맺는 좀 이상한 책이 되었다고 생각한다. 책의 효용 또한 여전히 알 수 없다. 거기 있는 그 사람들 얘기를 여기 있는 우리가 구태여 골똘히 생각할 필요를, 여전히 명확하게 적을 수 없다.

다만 그런 이야기가 하나쯤 있으면 좋겠다고 생각했다. 실은 (질을 떠나) 좀 더 많아지면 좋겠다고 생각했다. 믿었던 공간의 질서가 의지와 무관하게 무너질 때, 무너지는 까닭이 그저 세상이 변해서일 때, 변한 세상에서 나와 내 공간이 의미를 잃었다고 모두가 말할 때, 사람은 어떻게 슬퍼하고 또 무엇으로 위로받는지.

그 비슷한 혼란을 나도, 당신도 함께 겪는다는 건 분명 불행인데, 정신없이 변화하는 세계에서 그나마 우리를 한데 엮을 몇 안 남은 공통 감각일지도 모른다. 저기, 그들의 황망함을 여기, 우리가 들여다볼 여지일지도 모른다. 실직, 반성, 모호한 희망으로 혼란하게 엮인 이야기가 또 어느 공간에서 혼란스러운 당신에게 닿았으면 좋겠다. 그들의 이야기에 귀 기울이고 공감할, 그리하여 연대에 이를 가능성이라면 좋겠다. 그 연대의 가능성이 위로가 된다면 좋겠다.

혼란으로 엮인 우리를 위해 혼란하게 엮인 책을 낸다.

공장에서, 식당에서, 거리에서, 사무실에서, 카페에서, 버스에서 대뜸 옆에 선 기자에게 기꺼이 기억과 감정, 이야기를 꺼내 들려준 군산 사람들께 다시 한번 감사드린다.